Mindset ändern für mehr Erfolg

Bavarian Motivation Ratgeber

Selbst-Coaching-leicht gemacht

In zehn Schritten zu hoher Selbst-Motivation für jeden

Work-Live Balance verbessern und sich selbst motivieren

Richard Obermeier

1. Auflage 2020

Sie kommt mit voller Wucht und völlig unerwartet. Die Krise kann auch Sie treffen. Ob Corona, die große Umstrukturierung im Unternehmen oder der neue Lover Ihres Partners. Die schwere Lebenskrise und die große Leere treffen das bayerische Urgestein Schorsch völlig unvorbereitet. Auch Sie wären auf die Krise nicht vorbereitet.
Wer hilft dem Schorsch, wer hilft Ihnen aus der mentalen Sackgasse?
In diesem Buch erfahren Sie und erlernen spielerisch die wirklich effektiven Werkzeuge des Selbst-Coachings und der Selbst-Motivation. Die konkreten Learnings und die praktischen Übungen nutzen Ihnen unmittelbar, und Sie können diese Instrumente sofort auf Ihre eigene Lebenssituation übertragen.

Die Selbst-Coaching- und Motivations-Werkzeuge kommen nicht in der Hochglanzbroschüre oder in Watte verpackt. Schorsch lernt die Selbst-Motivations-Werkzeuge sehr direkt, manchmal schmerzhaft und konkret nutzbar für seine Situation. Dadurch erkennen auch Sie den unmittelbaren Nutzen.

Inhaltsverzeichnis

Herzlichen Glückwunsch!

Herzlichen Glückwunsch, dass Sie dieses Buch aufgeschlagen haben - egal ob Sie es gekauft oder geliehen haben. Es zeigt, dass Sie sich für das Thema Selbst-Coaching-und Selbst-Motivation interessieren. Wenn Sie dieses Buch gelesen haben, wissen Sie wesentlich mehr über sich selbst. Sie können sich selber besser steuern – besser coachen. Und Sie können sich selbst besser motivieren. Und das wird Sie nicht nur erfolgreicher, sondern auch wesentlich zufriedener machen.
Selbst-Coaching-und Selbst-Motivation: es geht in diesem Buch um nichts anderes.
Warum hilft Ihnen dieses Buch aus einer möglichen Krise? Was machen die Übungen und die Geschichte in diesem Buch so zielführend und so erfolgreich? Sie sind immer sehr konkret und immer sofort umsetzbar.

Sie können dieses Buch auf zwei Arten lesen: Möglichkeit eins: Sie folgen Schorsch auf seinem Weg durch seine Tiefschläge, Zweifel und auch zu seinen Erfolgen. Möglichkeit zwei: Sie lesen nur die eingeschobenen, deutlich gekennzeichneten Schritte des Selbst-Coachings und der Selbst-Motivation. Sie können natürlich auch immer wieder hin und her wechseln. Und –nur wenn Sie möchten- dann arbeiten Sie auch mit den Übungen aus den Kapiteln. Egal, welche Methode Sie wählen, Sie werden von diesem Buch profitieren. Und Sie können Ihren Weg zum Erfolg noch beschleunigen, wenn Sie das kostenlose Zusatzmaterial auf der Website nutzen (www.richardobermaier.de).
Ich wünsche Ihnen viel Spaß beim lesen und viel Erfolg in der Umsetzung.

Die zehn Schritte zu mehr Selbst-Motivation und zu mehr Erfolg

Wenn Sie später gezielt mit den zehn Schritten arbeiten möchten, dann hilft Ihnen diese Übersicht. Sie können damit gezielt zu einem einzelnen Schritt gehen. Und für jeden einzelnen Schritt finden Sie auf meiner Website vertiefendes Material und Checklisten.

Ich wünsche Ihnen viel Erfolg und viel Freude mit meinen zehn Schritten.

Prolog:	Warum Coaching? Was bringt Coaching? What the f*** is „Selbst-Coaching?"
Schritt 1:	Ziele sind gut! -wenn man sie kennt! Was ist *mein* Ziel? Und wenn ja, wie viele? Zielfindungs-Werkzeuge. (Fee im Wald, Sechserliste, Freunde befragen)
Schritt 2:	Start dirty but start NOW! Was sind gute Werkzeuge? Ist-Analyse mit Bewertung, Plus-Minus-Liste und Kraftfeld-Analyse
Schritt 3:	Fake it, until you make it. Tu so, als ob du es bereits erreicht hast. Tu so, als ob du dich bereits entschieden hast

Schritt 4:	Das haben wir immer schon so ge(~~m~~)dacht. Habit or rabbit? Gewohnheiten – dein Freund oder dein Feind? Wie mache ich meine Gewohnheiten zum Freund und starken Unterstützer?
Schritt 5:	Denken oder Danken? Was bringt mehr Erfolg? Was bringt mehr Glück? Kann man von Promis hier wirklich etwas lernen?
Schritt 6:	Das eigene WARUM immer parat haben.
Schritt 7:	Vision-Board Bilder bewegen die Welt – Bilder bringen dich ins TUN
Schritt 8:	Die Zauberliste Ein Zauber, der auch wirkt
Schritt 9:	To do or not to do – that is the question! Oder doch „Tu Du doch etwas!“ Sinn und Unsinn von to-do-Listen.

Schritt 10: Meditieren

Alles Humbug oder was?

Warum machen das so viele Leute?

Der große Erfolg der zehn Schritte.
Wie kann ich den Erfolg auf Dauer ausbauen?

Kapitel I: Schock und Krise

Schorsch bleibt stehen und wischt sich mit seinem dreckigen weiß-blauen Taschentuch den Schweiß über den buschigen Augenbrauen weg. Dann schaut er noch einmal nach oben zum Hohen Fricken und dann runter Richtung Dorf. Und nun schreit er mit voller Lautstärke: „Was für ein geiler Berg!“ und dann noch lauter: „Was für ein geiles Land!“
Seine Freunde, Gerhard und Manfred, drehen sich sofort um und Manfred sagt mit einem spaßigen Unterton: „Du Schorsch, geht's dir heit net guat? Brauchst a Bier oder an Baldrian?“
Schorsch: „Jetzt seid's doch ehrlich, jetzt schaut's euch doch mal um. Is des ned wahnsinnig schön hier? Und mir wohnen da. Des is unser Land!“
„Ja,ja“, sagt Manfred, „da hast scho Recht.“
„Nur, Schorsch, wir sind solche Gefühlsausbrüche von dir einfach nicht gewohnt“, meint Gerhard daraufhin und lacht.
„Ja, und es ist einfach wunderschön, dass wir so etwas zusammen erleben dürfen. Wer weiß, wie oft das noch geht.“
„Hey, hey, hey, Gerhard“ sagt Manfred, „willst du dich morgen aufhängen? Oder wie sollen wir das verstehen?“
„Nein, das sicher nicht. Aber, du merkst selber wie selten solche Bergtouren geworden sind. Die Arbeit, die Familie und immer muss irgendetwas Wichtiges erledigt werden.“

„Schorsch, wo hast eigentlich heute deine Lederhosen lassen? Du gehst doch sonst auch mit der Lederhosen auf den Berg?“
„Ja bist narrisch“ sagt Schorsch in einem nachgemachten österreichischen Tonfall. „Unter zehn Grad braucht man in meinem Alter etwas Langes für die Beine.“
Kurze Pause.

„Oder sagen wir unter achtzehn Grad! Aber im Sommer habe ich meine Lederhosen auch wirklich jeden Tag an, außer ins Büro natürlich."

„Lasst uns lieber über etwas wirklich Ernstes reden" unterbricht Schorsch; „wo trinken wir jetzt dann unser ‚Der-Berg-war-geil-heute-ist-Sonntag-Bier'?"
„Na ja, zur Auswahl steht der Karg in Murnau, der Dachs-Bräu in Weilheim oder wir fahren gleich durch und gehen in München ins Weisse Bräuhaus zum Schneider."
„Ich bin fürs Weisse Bräuhaus." sagt Gerhard sofort.
„Vorsicht", erwidert Manfred. „Ich bin Neuro-Wissenschaftler, ich kann euch jetzt genau erklären, was passiert." Und er legt auch sofort los.
„Du, Schorsch, du stellst dir jetzt gleich vor, wie ein schönes, gepflegtes, dunkles Weißbier vor dir steht und du riechst schon diesen leichten Hefegeruch mit der Bananennote. Und vor deinem geistigen Auge erscheint auch noch diese wunderschöne Speckplatte mit der ofenfrischen Breze, die noch warm ist.
Und was passiert dann? Die ausgeschütteten Botenstoffe bewirken, dass mehr Magensäfte produziert werden und dass der Speichelfluss im Mund angeregt wird. Und im schlimmsten Falle fängst du an, wie ein Hund zu sabbern."
„Na ja, so schlimm wird es nicht werden." Und er wischt sich demonstrativ über den Mund.

Feixend und lachend legen die drei Freunde den restlichen Weg zum Auto zurück. In München geht es auf direktem Weg zum Weissen Bräuhaus.

Als dann wirklich die drei dunklen Weißbiere vor den drei Männern stehen, wirkt der Rest schon wie eine religiöse Zeremonie: Jeder der drei nimmt fast gleichzeitig und sehr bedächtig das Glas in die Hand, man schaut sich an, Schorsch sagt ganz ruhig: „Dank schee für den wunderschönen Tag." Und dann nimmt jeder einen kräftigen Schluck vom Weißbier und fast gleichzeitig setzten die drei Männer ihr Glas wieder ab. Eine kurze Pause entsteht.

Da steht auch schon die Bedienung am Tisch. Sie lächelt die drei an. „Was dearf I Eich bringa?"
Die drei bestellen Hirn, Lunge und Zunge; echte Spezialitäten des Hauses.
„Für eine Münchner Bedienung fast schon übertrieben freundlich", sagt Gerhard. „Fünf Worte: was, dearf, I, Eich und bringa. Eine Münchner Bedienung fragt doch nur ‚was wuist' oder nur ‚und?'", das muss reichen."
„Ja", sagt Schorsch, „und gelächelt hat sie auch noch. Des geht ja gar net." Und lacht.

„Schorsch", fragt Manfred, „schnarchst du in der Arbeit genauso?"
„Was soll das heißen?", erwidert Schorsch.
„Das weißt du ganz genau. Du hast im Auto laut und lange geschnarcht. Und jetzt wollte ich wissen, ob du das in der Arbeit auch machst."
„Ich schnarche nicht", sagt darauf Schorsch eher zweideutig.
„Komm, sag schon, wie läuft es bei dir in der Arbeit?", will Manfred wissen.

Das war für Schorsch wie ein Eimer kaltes Wasser und ein Schlag in die Magengegend. Plötzlich war die schöne Stimmung nach der Bergtour wie weggeblasen.

Er musste sofort wieder daran denken, mit welchem Widerstreben und mit welchem Missmut er jeden Tag in die Arbeit ging. Er musste sofort wieder daran denken, wie langsam jeder Tag in der Arbeit vergeht. Und in Gedanken war er wieder in seinem ungeliebten Büro.

„Hey Schorsch", sagt Manfred etwas lauter, „bist du noch da?"
„Ja, ja", erwidert Schorsch. Dann folgt ein großer Seufzer.
„Die Arbeit ist ganz okay und im Moment habe ich auch ein recht interessantes Projekt, das ich leite.
Es geht darum, dass die verschiedenen selbstständigen Händler besser auf unsere firmeneigene Software für die Konfiguration der Maschinen zugreifen können. Und im Gegenzug können wir dann sehen, welche Konfiguration der Händler seinen Kunden vorgeschlagen hat. Und diese Konfigurationen werden dann auch zentral bei uns gespeichert. Das ist recht spannend, weil bei den Händlern noch sehr unterschiedliche Systeme im Einsatz sind. Und das Projekt erfreut sich beim Vorstand einer sehr hohen Wertschätzung."

Keiner der drei sagt etwas. Es entsteht eine unangenehme Pause.
Manfred schaut Schorsch lange und eindringlich an und sagt dann ganz trocken: „Schorsch, du bist neben Gerhard mein allerbester Freund. Und darum sage ich dir das jetzt so deutlich, was ich da raushöre und spüre: Deine Arbeit ist scheiß langweilig, du bist komplett unterfordert und auch total unzufrieden und nur dieses eine Projekt macht es irgendwie erträglich. Und darum redest du dir dieses Projekt auch schön und interessant."
Absolute Stille am Tisch. Schorsch wischt sich einmal kurz über die Augen. Jeder trinkt an seinem Bier.

Manfred nimmt das Gespräch wieder auf: „Warum suchst du dir nicht einfach etwas anderes?“
„Gar nicht so einfach“, erwidert Schorsch.“ Und so schlecht ist es auch wieder nicht, gute Bezahlung, zusätzliche Altersversorgung und die Kantine ist auch sehr gut.“
„Und die Kantine ist auch sehr gut“, äfft ihn Manfred nach. „Schorsch, wach auf! Du klingst wie ein Mann mit 70 und nicht wie einer mit 49.“
„Und außerdem habe ich hier meine geliebten Berge, die vielen Seen und alle meine Freunde“, legt Schorsch nach.
„Glaube ja nicht“ wirft Gerhard ein, „dass bei uns immer alles so glatt läuft. Aber man sollte zumindest wissen, was man will. Und man sollte auch wissen was man nicht will!
Schreib doch wenigstens mal auf, was gut läuft und was nicht so gut läuft. Macht einfach eine Liste mit Pluszeichen und mit Minuszeichen dahinter. Und in einer ruhigen Minute schaut man sich diese Liste wieder an.“
„Ja, ja“, wiegelt Schorsch ab, „das mache ich dann mal.“

Und mit „Wann gehen wir wieder in die Berge“ wechselt Manfred ganz bewusst das Thema.
„Ich bin die nächsten sechs Wochenenden komplett belegt, Dienstreise, Besuch, Taufe meiner Nichte, usw.“, erwidert Gerhard.
„Bei mir schaut es nicht besser aus“, antwortet Manfred.
Und nach der Feststellung, dass sich die drei Freunde wieder über WhatsApp auf einen neuen Termin verständigen werden, bestellen Sie noch ein zweites Weißbier. Aber diesmal muss es eine Festtags-Weiße sein.
„Wegen der Pfirsichnote und der wunderschönen Farbe“, wie Schorsch fachmännisch feststellt.

Dann reden die drei Freunde noch einmal über die beeindruckende Wanderung, über das warme Wetter im März und so vergeht die Zeit wie im Flug.

Am Montag früh zeigt sich der März von seiner nasskalten Seite. Es hat kaum zehn Grad und es nieselt leicht. Schorsch steht auf dem Bahnsteig und wartet auf seinen Zug.
„Diese Drecks-S-Bahn“, sagt Schorsch leise vor sich hin. „schon wieder zehn Minuten.“ Aber schließlich kommt seine S-Bahn doch und Schorsch ist dreißig Minuten später am Werkseingang.
Das übliche „Guten Morgen“ zum Pförtner und ein paar Minuten später ist er auch schon in seinem Büro. Er schaltet seinen PC ein und denkt sich: Wie oft habe ich diesen Rechner schon rauf- und runtergefahren?
Dann kommt der übliche Weg zur Teeküche. Schorsch holt sich einen Kaffee aus der Maschine und trabt zurück in sein Büro.
Als Erstes überprüft er natürlich seine E-Mails. Und siehe da eine Mail von Peter Huber, seinem Chef – mit hoher Priorität. Überschrift: Besprechung.
„Bitte kommen Sie am Montagmorgen möglichst bald in mein Büro.“
Was will der denn so früh, denkt sich Schorsch, ruft noch kurz an, ob es jetzt auch passt und steht zwei Minuten später im Büro seines Chefs.
„Wir hatten am Freitagnachmittag spontan noch einmal eine längere Besprechung zum Projekt Minerva. Und mit wir meine ich die involvierten Abteilungsleiter und Herrn Breipohl. Wir haben noch ziemlich lange gesessen.“
Schorsch zuckt innerlich zusammen. Die drei Abteilungsleiter und der Vorstand haben über das Projekt Minerva ausführlich gesprochen und er war nicht dabei? Ein mulmiges Gefühl beschleicht Schorsch.

„Ich hatte Ihnen ja schon einmal erzählt, dass die anderen Abteilungsleiter mit dem Fortschritt des Projektes alles andere als zufrieden sind. Ich kann auch nicht sagen, dass ich besonders glücklich über den bisherigen Verlauf bin.
Wir wollten Sie dann später noch hinzuziehen, aber da waren Sie schon im Wochenende.
Um es kurz zu machen, Herr Halderer, das Projekt Minerva wird ab sofort Herr Meyer-Edlich leiten und wir werden ihm wahrscheinlich noch einen externen Berater zur Seite stellen.
Meine Bitte an Sie ist nun, dass Sie sich – noch heute Vormittag – mit Herrn Meyer- Edlich zusammensetzen und ihm alle Unterlagen übergeben. Das beinhaltet natürlich alle Systemzugänge und alle Dateien, die sich vielleicht noch auf Ihrem lokalen Rechner befinden."
Meyer-Edlich, denkt sich Schorsch, dieser arrogante, aufgeplusterte Doppelnamen-Akademiker-Depp! Das darf nicht wahr sein!
Es braucht einen kurzen Moment, bis Schorsch wieder etwas sagen kann.
„Sie nehmen mir also mit sofortiger Wirkung mein geliebtes Projekt Minerva weg? Verstehe ich das richtig?"
„Herr Halderer, sehen Sie das Ganze doch positiv, jetzt haben Sie mehr Zeit für Ihre anderen Aufgaben. Und, wenn es Ihr ‚geliebtes Projekt' war, dann wundere ich mich, warum Sie sich nicht intensiver um diese Liebe gekümmert haben.
Verstehen Sie mich jetzt nicht falsch, aber ich muss zu meiner nächsten Besprechung. Wir können ja vielleicht am Nachmittag noch einmal ausführlich über dieses Thema sprechen. Höchste Priorität hat nun für Sie die Übergabe an Herrn Meyer-Edlich. Vielen Dank."

Dieses „vielen Dank“ war deutlich betont und das „Dank“ sprach Herr Huber immer mit sehr tiefer Stimme; wie den letzten Ton in einem Kirchenlied. Das berühmte „Vielen Dank“ von seinem Chef hieß im Klartext eindeutig: „Bitte verlassen Sie jetzt mein Büro, JETZT!“

Wie ein begossener Pudel trottet Schorsch wieder zurück in sein Büro. Er hat plötzlich starke Magenschmerzen, setzt sich auf seinen Stuhl und starrt an die Wand.
Was soll ich nun den ganzen Tag tun? Dann ist es ja hier noch langweiliger! Solche und ähnliche Gedanken schießen ihm durch den Kopf.
Und dann auch noch dieser Meyer-Edlich! Erst seit zehn Monaten im Unternehmen, Lehre als Mechatroniker und dann Abschluss als Techniker. „Berufsbegleitend“ wie er immer dazu sagte.
Für Schorsch war das immer wie ein schlechtes Echo „berufsbegleitend . . . „
Und vor drei Wochen hat er noch zu einem kleinen Umtrunk geladen, um seine abgeschlossene Fortbildung zum Projektmanager zu feiern. Dieser Volldepp, denkt sich Schorsch. Der Umtrunk hatte nur einen einzigen Zweck: Jeder, aber auch jeder auf dem ganzen Stockwerk sollte wissen, dass der feine Herr Meyer-Edlich nun auch zertifizierter Projektmanager ist.
Die Gedanken von Schorsch kreisen immer um das gleiche Thema: Was, um Himmels willen sollte er nun den ganzen Tag tun? Er hat keine wirkliche Aufgabe mehr. Er steht kurz auf, um wenigstens etwas auf und ab zu gehen. Er überlegt kurz, ob er sich nicht auf der Stelle krankmelden soll.

Und da klopft es auch schon an der Tür. Die Tür geht auf und was sieht Schorsch? Das ihm so verhasste Grinse-Gesicht von Meyer-Edlich!
„Herr Halderer", lächelt Herr Meyer-Edlich, „wie geht es Ihnen, ich hoffe, Sie hatten ein schönes Wochenende. Waren Sie wieder in den Bergen?"
Schorsch weiß genau, warum dieser Mann bereits um 8:30 Uhr am Montagmorgen in seinem Büro steht. Er kann es kaum erwarten, das Projekt Minerva zu übernehmen. Und dann fragt dieser aalglatte Typ auch noch nach seinem Befinden und nach seinem Wochenende!
Und wie der Typ schon wieder angezogen ist! Schwarze Stoffhose mit dunkelblauem Sakko und ein sehr modisch kariertes blaues Hemd dazu. Wie immer ohne Krawatte.
Angezogen wie ein Abteilungsleiter, denkt sich Schorsch jedes Mal. Schorsch bevorzugt die schwarze Jeans und die gleichen Hemden, die er seit zehn Jahren trägt. Nach seinem Verständnis ist es in einem Maschinenbauunternehmen nicht unbedingt notwendig, mit Sakko zu erscheinen.
„Ja, ich war in den Bergen", erwidert Schorsch etwas mürrisch. „Und es war sehr schön."
Schorsch bekommt nicht einmal die Gelegenheit, aus reiner Höflichkeit die Gegenfrage zu stellen und sich nach dem Wochenende von Meyer-Edlich zu erkundigen.
Meyer-Edlich teilt ihm sofort ungefragt mit: „Herr Huber hat mich am Freitagabend ja noch im Büro erreicht und mir mitgeteilt, dass ich bei dem Projekt Minerva mehr Verantwortung übernehmen sollte. Und er war auch so freundlich, mir die Unterlagen und die Dateien zu geben, die er in seinem Büro hatte."
Du alter Streber denkt sich Schorsch. Der Meyer-Edlich hat immer dafür gesorgt, dass der Chef sieht, dass er sehr lange im Büro ist.

„Und da dachte ich mir", erzählt Meyer-Edlich weiter „ich könnte mir doch am Sonntag schon mal einen ersten Überblick verschaffen. Und das habe ich dann gestern auch getan. Welche Unterlagen haben Sie denn noch für mich?"

Schorsch geht zu seinem Schrank, macht die Tür auf und zeigt auf eine ganze Reihe von Ordnern. „Diese zehn Ordner beinhalten zumindest mal das niedergeschriebene Wissen in diesem Projekt. Und bei den Dokumenten ist auch immer vermerkt, wo sie abgespeichert sind. Die Dateien sind auf dem zentralen Laufwerk M, weil dieses Laufwerk ja jede Nacht mit gesichert wird."

„Was sind denn aus ihrer Sicht die wichtigsten Punkte? Mit was sollte ich denn anfangen?", will Meyer-Edlich wissen.

„Das Wichtigste ist der Projektablaufplan mit den Detailplänen. Und wichtig ist auch die Liste der beteiligten Mitarbeiter. Und dann gibt es noch einen Ordner mit den Besprechungsprotokollen. Dort sollten Sie sich die Argumente der Widerständler anschauen."

„Der Widerständler?", fragt Meyer-Edlich.

„Ja", sagt Schorsch, „so habe ich sie genannt. Es gibt eine Reihe von Leuten, die dem Projekt eher ablehnend gegenüberstehen. An diesen Leuten werden Sie nicht vorbeikommen. Also müssen Sie die Argumente dieser Leute und auch deren Gefühle ernst nehmen. Es gibt da ein paar verletzte Eitelkeiten."

Und bei diesen Worten drückt er Meyer-Edlich drei Ordner in die Hand.

„Jeder von uns nimmt fünf Ordner, dann gehe ich mit Ihnen in Ihr Büro und dann haben Sie das geballte Projektwissen Minerva."

Schorsch ist wieder zurück in seinem Büro. Er ist den Tränen nahe. Jetzt ist es weg, denkt er sich.

Und ich Depp sage diesem geschniegelten Lackaffen auch noch, auf was er aufpassen muss.
Und da Schorsch nicht so recht weiß, was er jetzt tun soll, fängt er an, seine E-Mail-Ordner aufzuräumen. In aller Ruhe liest er auch die unwichtigsten Mails noch einmal durch und entscheidet dann, wo er sie ablegt. Am Ende hat er wunderbar geordnete E-Mail-Ordner und geht erst einmal zum Mittagessen. Normalerweise verabredet er sich zum Mittagessen mit anderen Kollegen.
An diesem Tag hat er aber seine Verabredung abgesagt. Er geht so früh zum Essen, dass er seiner ursprünglichen Verabredung nicht begegnet.
Nach dem Essen liest er erst einmal ausgiebig die Zeitung und dann auch noch das Mitarbeitermagazin. Darin finden sich auch immer etliche interne Stellenausschreibungen.
Sollte er sich auf eine andere Stelle im Konzern bewerben? In manchen Bereichen gibt es einen Einstellungsstopp und damit auch keine freien Stellen.
Trotzdem durchforstet Schorsch anschließend den Online-Stellenmarkt der Bemwer AG. Die Stellen in China und in den USA beachtet er gar nicht. Das Fazit seiner Recherche ist ernüchternd: Entweder er ist deutlich zu teuer für die ausgeschriebenen Stellen oder aber es werden Zusatzqualifikationen wie Projektmanager, SAP-Schulung oder Techniker verlangt.
Schorsch fängt an zu husten und bemerkt ein Kratzen im Hals. „Ein Scheiß-Job, keine Frau und jetzt auch noch sterbenskrank. Ich bin echt eine arme Sau“, sagt er halblaut zu sich selbst.

Er quält sich durch den Rest des Nachmittags und geht bereits um 16:00 Uhr -- viel früher als sonst – nach Hause. Als er aus dem Werkstor geht, läuft ihm prompt ein alter Bekannter, Helmut über den Weg.

Zeckerl-Fett ist der erste Gedanke, der Schorsch durch den Kopf schießt.
„Fett sagt man nicht“ klingt ihm in Gedanken die Fistel Stimme seiner kleinen Nichte in den Ohren.

„Hi, Schorsch du altes Haus, wie geht's dir denn?“ ruft Helmut. „Wir haben uns ja sehr lange nicht mehr gesehen.“
„Mir geht es gut“, spult Schorsch seine Routine ab. „Und wenn ich dich so anschaue, dann geht's dir noch viel besser. Erzähl doch mal, was machst du denn?“
„Nun“, legt Helmut los. „Ich bin in diesem Entwicklungs-Team“ und Helmut grinst „Alles streng geheim . . . und ich baue dort verschiedene Module für die Prototypen und helfe auch bei deren Montage. Du musst halt eine Ahnung haben von Elektronik und von allen möglichen Maschinenbau-Elementen und wichtig ist absolut genaues und detailgetreues Arbeiten. Und das liegt mir, das macht mir Spaß.“
Und während Helmut so erzählt, kommt auch schon die U-Bahn und die beiden steigen ein.
„Und außerdem hat uns mein Schwiegervater ein Grundstück und 100.000 Euro geschenkt“, erzählt Helmut weiter. „Dann mussten wir praktisch bauen und mit zwei kleinen Kindern ist so ein Reihenhaus mit kleinem Garten auch richtig, richtig gut.“
„Aber du wohnst doch kurz vor Landshut?“, fragt Schorsch nach. „Ja, das stimmt. Da wohnen wir auch immer noch, aber jetzt eben im eigenen Reihenhaus.“
„Und wie lang fährst du dann jeden Tag in die Arbeit?“
„Naja, ich fange ja schon um halb sieben an und so früh brauche ich normalerweise eine Stunde und jetzt am Abend nach Hause sind es meist eine Stunde und zwanzig Minuten – erst U-Bahn und dann Auto.“
„Und wenn ich dich so anschaue“, sagt Schorsch, „dann haben deine sportlichen Aktivitäten etwas nachgelassen.“

„Ja, das stimmt", entgegnet Helmut und klopft auf seinen riesigen Bauch. „Meine liebe Andrea kocht sehr gut und das Unertl-Weißbier schmeckt immer noch so gut wie früher. Nur, dass ich halt seit acht Jahren nicht mehr Fußball spiele und mein Fahrrad wurde auch schon sehr, sehr lange nicht mehr bewegt."
„Mensch, hier muss ich raus", ruft Helmut ziemlich überrascht. „Jetzt weiß ich gar nicht, wie es dir so geht. Lass mal wieder was von dir hören. Servus, bis bald." Und mit diesen Worten hetzt er aus der U-Bahn-Tür.
Diese blöde Fragerei „Wie geht es dir?", denkt Schorsch, geht mir ganz schön auf den Geist. Von den Typen will doch keiner wissen, wie es dir wirklich geht.
Nein!, berichtigt sich Schorsch selbst. So einer wie der Gerhard oder der Manfred, die wollen wirklich wissen, wie es mir geht und die sagen mir dann auch immer klar ihre Meinung. Solche Leute in deinem Leben sind echt Gold wert.
Drei Stationen weiter muss auch Schorsch aussteigen. Er sperrt sein Fahrrad auf und fährt los. Zuhause, in seinem kleinen Appartement geht er zuerst an den Kühlschrank und macht sich eine Flasche Bier auf. Dann setzt er sich auf seine Couch und starrt vor sich hin.

'Wie soll das weitergehen? Ich kann doch nicht jeden Tag in dieses Büro dappeln und dann sitze ich da und habe nichts zu tun. Es gibt doch eigentlich keinen Grund, warum ich da reingeh', sinniert er vor sich hin. Schorsch ist nach dem Fahrradfahren immer ziemlich durstig und so ist das erste Bier auch ziemlich schnell weg. Er steht also auf und geht zum Kühlschrank, um sich ein zweites Bier zu holen. Und auf dem Weg zum Kühlschrank stehen an der Seite noch seine Wanderschuhe von gestern. Spontan bleibt er stehen und schaut länger auf die Wanderschuhe.

„Nein“, sagt sich Schorsch, „dann jetzt kein zweites Bier, sondern ich gehe halt noch eine Runde im Park.“ Und er zieht seine Wanderschuhe an, nimmt bewusst die Treppe nach unten und macht einen ausgedehnten Spaziergang in dem kleinen Park, der direkt hinter seiner Wohnanlage liegt.

Prolog: Warum Coaching?

Was bringt Coaching?
Was ist Selbst-Coaching?
Was brauche ich zum Selbst-Coaching?
Jeder, der sich für Coaching interessiert, hat ein Ziel, ein Anliegen. Auch Sie wollen etwas erreichen: besser werden, glücklicher werden oder berufliche und finanzielle Ziele verwirklichen. Nun können Sie mühsam, also mit vielen kleinen Schritten in Richtung Ziel arbeiten. Oder aber Sie holen sich die absolute Turbo-Unterstützung und das ist Coaching. Mein Lieblingsvergleich ist ein E-Bike, natürlich ohne Drosselung und ohne Geschwindigkeitsbegrenzung. Mit diesem E-Bike können Sie viele Entfernungen um ein Vielfaches schneller zurücklegen, als wenn Sie zu Fuß gehen würden. Doch es geht nicht von alleine: Je mehr Sie selbst treten, das heißt je mehr Sie selbst arbeiten, desto größer ist die Unterstützung durch den Elektromotor. Wer sich für Coaching interessiert, will sein Ziel schneller und besser erreichen. Und damit ist klar: Coaching läuft nie von alleine, sondern braucht aktive Mitarbeit. Die wichtigsten „virtuellen“ Hilfsmittel eines Coaches sind ein Spiegel, den er seinem Klienten vorhält, und ein kleiner Spieß, mit dem er seinen Klienten bei Bedarf antreibt.

Mein Lieblingsspieß ist der drei-zackige Kartoffelspieß: Die drei kleinen Metallspitzen auf einem schönen kurzen Holzgriff graben sich tief ins Fleisch ein; virtuell natürlich.

Vorstandsvorsitzende von großen (DAX-) Unternehmen, Top-Politiker und die besten Sportler der Welt hatten und haben ihre eigenen Coaches. Warum lassen sich die weltbesten Tennisspieler und Golfer von ihren Coaches betreuen? Die großen Namen der ewigen Weltbestenlisten, also von Steffi Graf, Serena Williams über Roger Federer, Seve Ballesteros bis zu Tiger Woods: Alle wurden dauerhaft von ihrem eigenen Coach begleitet.

Ein Coach sieht Dinge, die Sie selbst wahrscheinlich nicht erkennen und ein Coach will immer Ihr Bestes. Ein Coach ist voll und ganz auf Sie konzentriert, er will, dass Sie Ihr Ziel erreichen. Ein Coach öffnet Ihnen die Augen für Ihr volles Potenzial. Und ein Coach hilft Ihnen, dieses volle Potenzial auch auszuschöpfen. Viele Menschen wenden sich an einen Coach, wenn Sie nicht mehr weiterkommen, wenn Hindernisse auftauchen oder auch nach größeren Rückschlägen. Auch hier hat ein Coach seine volle Berechtigung und kann viel Gutes bewirken. Diese Klarheit und stärkere Fokussierung auf Ihre Ziele führen auch ganz nebenbei zu mehr Glück und Zufriedenheit. Sie erkennen, was Sie bereits haben und wissen, welche Schritte Sie noch gehen müssen.

Und was ist nun Selbst-Coaching? Ein Coach arbeitet immer mit verschiedenen Werkzeugen, er macht mit dem Klienten bestimmte Übungen, schreibt Dinge auf und denkt – gemeinsam mit dem Klienten – über verschiedene Lösungen nach. Es gibt viele, auch wissenschaftlich und empirisch belegte Coaching-Werkzeuge.

Und viele dieser Werkzeuge können Sie sich aneignen und – mit ein wenig Übung – auch selbst bei sich anwenden. Den virtuellen Spiegel können Sie sich auch selbst vorhalten und meinen kleinen Kartoffelspieß können Sie sich auch selbst in den Allerwertesten stechen.

Selbst-Coaching hilft Ihnen auch, Ihre Energie auf die richtigen und wichtigen Dinge zu lenken. Es hilft Ihnen, sich von Ballast und Bremsern zu befreien. Selbst-Coaching lässt Sie Ihre Ziele schneller und effektiver erreichen. Und wenn Sie auf Ihrem Weg und bei der Arbeit mit den Selbst-Coaching-Werkzeugen aus diesem Buch feststellen, dass es trotzdem nur zäh weitergeht, dann können Sie sich immer noch einen externen Coach holen und mit diesem sehr zielgerichtet nur einen kleinen Teilaspekt bearbeiten. Dies spart Ihnen viel Zeit und es spart Ihnen auch viel Geld.

Noch einmal in Kurzform: Warum Coaching und was bringt es?
Coaching bringt Klarheit, Effizienz und Geschwindigkeit bei der Zielerreichung

Was ist Selbst-Coaching?

Selbst Coaching ist die Anwendung von bewährten Coaching-Werkzeugen bei sich selbst.

Was brauche ich zum Selbst-Coaching?
Wenn Sie Ihre Ziele schneller und effektiver erreichen wollen, wenn Sie also mit den Instrumenten des Selbst-Coaching arbeiten möchten, dann brauchen Sie nicht viel. Sie brauchen einmal einen ruhigen ungestörten Platz, an dem Sie mit sich und an sich arbeiten können.

Und Sie brauchen Papier und Schreibzeug; gut ist auch ein Flipchart – muss aber nicht sein. Viele Menschen, die mit Selbst-Coaching gute Erfahrungen gemacht haben, arbeiten mit einem eigenen, sehr persönlichen Notizbuch. Wichtiger als Ort und Arbeitsmaterialien ist ihre Bereitschaft, sich auf die Instrumente des Selbst-Coaching einzulassen.

Es hat sich bewährt, am Anfang eines Arbeits-Abschnittes diese Bereitschaft noch einmal zu bekräftigen. Darum stehen Sie ruhig auf, atmen Sie tief ein und sagen laut den Satz „*Ich bin bereit*." Für viele Menschen klingt das seltsam und nach Esoterik, aber diese laute Bestätigung wird in vielen Trainingsformen mit großem Erfolg eingesetzt.

Kapitel II: Gabys unmoralisches Angebot

Die frische Luft und das Gehen tun ihm gut und er macht sich wieder auf den Weg zurück in seine Wohnung. Im Treppenhaus fängt sein Handy an zu piepen und erinnert ihn daran, dass Gaby, eine sehr gute Freundin, heute Geburtstag hat. Auch wenn Schorsch den Ruf hat, auch erst mal drei oder vier Tage nach dem Geburtstag anzurufen, ist für Schorsch klar: Ich rufe jetzt sofort die Gaby in Innsbruck an.

Also, Wanderschuhe ausziehen, einen Schluck Wasser trinken und dann stellt sich Schorsch an sein Lieblingsfenster und ruft Gaby an. Er hatte es sich seit Jahren angewöhnt, beim Telefonieren entweder zu stehen oder in der Wohnung auf und ab zu gehen. Gaby ist auch sofort nach dem zweiten Läuten dran.

„Grias di Schorsch, was ist denn mit dir passiert? Du rufst doch sonst immer erst drei Tage nach meinem Geburtstag an.“

„Das ist die Weisheit des Alters“, erwidert Schorsch und legt auch gleich los: „Liebe, liebe Gaby, ich wünsche dir von Herzen alles, alles Liebe und Gute zu deinem Geburtstag. Ich hoffe, du lässt es dir richtig gut gehen. Und ich wünsche dir, dass deine Wünsche in Erfüllung gehen.“

Kaum hatte er es gesagt, beschlich ihn das Gefühl, er hätte „deine Wünsche“ etwas komisch betont. Aber Gaby fällt das nicht weiter auf.

„Das ist ganz lieb von dir“, sagt Gaby mit ihrer hohen Stimme, die immer ein bisschen nach flirten klingt. „Ich freue mich richtig, dass du angerufen hast. Ja, ich lasse es mir gut gehen. Ich habe heute frei genommen und war mit einer Freundin beim Schwimmen und in der Sauna und in einer Stunde treffe ich mich mit ein paar Freundinnen.

Die meisten von denen kennst du eh. Einfach nur auf eine Pizza und ein Glas Wein; also nichts Großes. Es geht mehr um die Freundinnen, das Essen ist nicht so wichtig."

„Das klingt doch gut," erwidert Schorsch.

„Und wie geht es dir?", fragt Gaby weiter. „Erzähl doch mal."

„Ja, ja, passt scho", entgegnet Schorsch.

Es entsteht eine unangenehme Pause; Schorsch sagt nichts und Gaby sagt auch nichts.

„Sag das bitte noch einmal", unterbricht Gaby endlich die Pause.

„Passt scho, mir geht es gut", wiederholt Schorsch seine Worte.

Wieder eine kleine Pause.

Dann wird Gabys Stimme deutlich lauter. „Sag einmal, spinnst du? Ich bin *nicht* deine Nachbarin und auch *nicht* irgendeine Arbeitskollegin! Wenn ICH dich frage, wie es dir geht, dann will ich eine ehrliche Antwort."

Dann wird Gabys Stimme wieder etwas ruhiger. „Wenn ich jetzt direkt vor dir stehen würde, dann könnte ich in deinem Gesicht lesen, wie es dir geht. Aber so frage ich dich eben übers Telefon. Und dann will ich verdammt noch mal eine ehrliche Antwort von dir!

Und ich höre genau raus, dass da irgendwas nicht stimmt. Und du hast auch noch nie so einen Mist wie ‚passt scho' zu mir gesagt! Also, noch einmal: Was ist los?" Das klang sehr eindringlich, fast schon aggressiv.

Schorsch bekommt sofort nasse Augen und zwei einsame Tränen laufen über sein Gesicht.

„Ja, Gaby, es tut mir leid. Du hast Recht, es geht mir gar nicht gut.

Meine Arbeit war ja schon bisher nicht die wirklich große Herausforderung für mich. Das einzige Interessante in den letzten zehn Monaten war ein bestimmtes Projekt.

Und jetzt hat man mir Knall auf Fall, also mit sofortiger Wirkung das Projekt weggenommen. Und: mindestens genauso schlimm, das Projekt leitet jetzt der Meyer-Edlich, so ein norddeutscher Lackaffe, ein Schleimer vor dem Herrn, immer rausgeputzt wie der Vorstand und so ein Oberschlaumeier, ein echtes Gscheidhaferl."
Die Wut auf den ungeliebten Kollegen tat gut. Schorsch war jetzt nicht mehr in der Gefahr, am Telefon plötzlich loszuheulen.
„Weißt du, mit diesem Projekt, Minerva, hatte ich auch Kontakt zu anderen Abteilungen, ich bin im Ansehen gestiegen und es war auch fachlich herausfordernd. Und das alles ist jetzt komplett weg. Ich habe eigentlich nichts mehr zu tun in meiner Arbeit."
„„Wenn dein Pferd tot ist", erwidert Gaby, „steig ab und geh. Und: ‚Such dir ein neues Pferd' sagen die Indianer. Oder wie die Engländer sagen: ‚Don't cry over spilt milk', also Hinterherjammern bringt gar nichts."
„Vielen Dank, kluge Squaw", sagt Schorsch spontan und mit unüberhörbarem sarkastischem Unterton setzt er noch hinzu. „Das hilft mir jetzt waaahnsinnig weiter."
„Das ist mir schon klar, dass dich das nicht sofort aus deinem Loch reißt, aber trotzdem muss ich dir das sagen. Dann solltest du dir in einer ruhigen Minute die Frage überlegen: Warum habe ich mich damals für die Bemwer AG entschieden?"
Und Schorsch jammert seiner Freundin vor, dass er ja immer ganz gerne bei der Bemwer AG gearbeitet hat. Er erzählt ihr wieder einmal von Kantine, geregelter Arbeitszeit und Betriebsrente.

„Rückschläge sind oft die Treppensteine für neuen Erfolg" sagt Gaby trocken.

„Und wie läuft es in der Liebe?“, versucht Gaby ganz bewusst das Thema zu wechseln.
„Genauso Scheiße. Meine Trennung von Stephanie ist jetzt schon fast ein Jahr her und seitdem bin ich auf der Suche. Ich lerne schon mal eine attraktive und interessante Frau kennen. Aber entweder ist es dann so eine Schicki-Micki-Tante mit dem Bewegungsdrang einer Schildkröte oder aber die gute Frau ist verheiratet.
Und . . . . Kloster ist keine echte Alternative für mich.“
„Na ja, zumindest hast du deinen Humor noch nicht ganz verloren“, erwidert Gaby.
Es entsteht erneut eine kurze Pause.

„Das sind doch ideale Voraussetzungen!“, ruft Gaby plötzlich ganz fröhlich durchs Telefon.
„Hey, spinnst du jetzt komplett? Ich erzähle dir, wie schlecht es mir geht. Und von dir kommt ‚ideale Voraussetzungen‘. Sonst geht es dir gut?“
„Nein, Schorsch, ich meine das völlig im Ernst. Wie du weißt, bewirtschafte ich ja im Sommer meine Berghütte, die Sonnenalm. Ein paar Viecher, bei schönem Wetter sehr viele Gäste auf der Terrasse und den ganzen Sommer über viel Arbeit, aber auch guter Verdienst.
In knapp fünf Wochen geht es schon wieder los. Ich habe dir ja schon oft davon erzählt. Und auf meiner Hütte habe ich seit vielen Jahren eine große Stütze, den Johannes.
Und vor drei Tagen ruft mich Johannes an und erzählt mir, dass er sich das Kreuzband gerissen hat und er zum Saisonstart sicher nicht dabei sein kann. Es ist sogar mehr als fraglich, ob er in diesem Sommer überhaupt mit auf die Alm kommen kann.“
„Und jetzt bist du als Headhunter in Sachen Almwirtschaft unterwegs?“, fragt Schorsch.

„Ja, genau“, antwortet Gaby. „Du hast doch als Schüler und als Lehrling auch oft in der Gastronomie gearbeitet. Und sei ehrlich: Das hat Spaß gemacht und es gab gutes Geld.“
„Ja“, entgegnet Schorsch „ich war auch mal eine Gastro-Schlampe.“
„Schorsch, so etwas sagt man nicht. Aber ich weiß, was du meinst: Es macht riesig Spaß, man hat mit Leuten zu tun, es ist fast nie langweilig und der Verdienst ist auch in Ordnung.“
„Ich habe nach dem Abitur sogar überlegt, ganz in die Gastronomie zu gehen und Hotelkaufmann zu lernen.“
„Na also“, erwidert Gaby. „Du bist die ideale Besetzung für diese Stelle. Außerdem bist du viel an der frischen Luft und hast jeden Tag eine richtig geile Aussicht. Die gibt es extra und ohne Kosten noch obendrauf. Du darfst auch nicht vergessen, dass du fast nie missmutige Gäste hast. Die Leute genießen die Natur, freuen sich über die tolle Aussicht und das gute Wetter. Und außerdem sind viele von denen erst einmal fix und fertig nach der über zweistündigen Wanderung. Und es gibt auch immer gutes Trinkgeld.
Wenn du frühmorgens mit einer Tasse Kaffee und einem Stück Butterzopf auf der Terrasse sitzt und die ersten Sonnenstrahlen kommen über den Berg, dann ist das einfach unbezahlbar. Du weißt schon, von was ich rede.“
„Das klingt alles ganz schön und gut“, sagt Schorsch, „aber ich kann doch meinen sicheren Job nicht von heute auf morgen verlassen.“
„Lieber Schorsch, es gibt einen Satz, den habe ich von *dir* gelernt: Wenn man wirklich will, dann findet sich ein Weg. Überleg doch mal, ob du dich für etliche Monate beurlauben lassen kannst oder schau einfach, was es sonst noch für Möglichkeiten gibt. Ich habe noch bis Freitag Zeit, dann muss ich mich entscheiden.

Aber ich muss jetzt leider wirklich weg; sonst komme ich zu spät zu meinen Mädels und zur Pizza und zum Rotwein. Lass uns doch morgen noch einmal telefonieren."
„Das ist eine gute Idee. Sag den Mädels einen lieben Gruß von mir und dann bis morgen."

Schritt 1: Ziel-Findungs-Werkzeuge. Was ist mein Ziel? Und wenn ja, wie viele?

Ja, die beiden Fragen haben scheinbar keinen Bezug zueinander. Das ist gewollt. Sie sollten stutzig werden, denn das macht es für Ihr Gehirn interessanter. Manche Menschen stören sich an dem Begriff „Ziel", weil es ihnen zu sehr nach Beruf und Karriere klingt. Deshalb verwende ich immer wieder „Ziele und Wünsche".

Oft kommt der Einwand: „Ich weiß gar nicht so richtig, was ich will." Also wie finden Sie heraus, was Ihre wichtigsten Ziele und Wünsche sind? Dazu lege ich Ihnen drei Methoden ans Herz. Ich sage nicht: „Ich schlage Ihnen vor", weil Ziele und Zielfindung Herz-Kopf-Entscheidungen sind und nicht umgekehrt. Die ersten drei Methoden sind: erstens: die Fee im Wald, zweitens: die Sechserliste und drittens: Freunde befragen.

1) Die Fee im Wald

Sie kennen die klassische Situation aus den Märchen: Der Held ist im Wald oder auf dem Berg, es blitzt und donnert und plötzlich steht die gute Fee vor ihm. Und dann hat der Held drei Wünsche frei. Und nun stellen Sie sich vor, dass Ihnen plötzlich die gute Fee begegnet.

Und dann sollten Sie Ihre drei größten Herzenswünsche sofort wissen, weil die gute Fee sehr ungeduldig sein kann. Nehmen Sie also jetzt, jetzt sofort, ein Blatt Papier und schreiben Sie Ihre drei wichtigsten Ziele auf. Können Sie das sofort und spontan oder müssen Sie erst eine Weile nachdenken? Wenn Sie erst darüber nachdenken müssen, dann sollten Sie das möglichst bald tun. Denn wie soll die gute Fee oder die Welt da draußen wissen, was Sie erreichen wollen; wenn Sie das selbst nicht einmal sicher wissen.
Und wenn Sie ihre Ziele wissen, dann sollten Sie diese Ziele auch unbedingt aufschreiben. Auf den Punkt Schriftlichkeit werde ich später noch einmal eingehen.

2) Die Sechserliste

Ein einfaches und doch sehr zielführendes Instrument: Sie nehmen ein Blatt Papier und schreiben darauf wahllos alle ihre Ziele und Wünsche. Nehmen wir an, dass auf ihrer Liste dann zehn oder noch mehr Wünsche stehen. Denken Sie nicht nur an die Dinge wie Karriere, Geld und Partnerschaft. Auf diese Liste darf auch der Urlaub auf Hawaii, eine Fortbildung oder das neue Fahrrad stehen. Und dann nehmen Sie einen einfachen Würfel und würfeln für jeden Begriff dreimal und schreiben die jeweilige Punktezahl dahinter. Und wenn Sie mit allen Begriffen fertig sind, zählen Sie einfach die drei Zahlen hinter jedem Wunsch zusammen. Und die sechs Wünsche, die beim dreimaligen Würfeln die höchste Gesamtzahl erreicht haben, sind Ihre größten Herzenswünsche! Diese Ziele und Wünsche schreiben Sie nun auf eine neue schöne Liste und fertig.

„So ein Quatsch!“ werden Sie vielleicht spontan sagen, weil mein Wunsch „erfüllte Partnerschaft“ sicher wichtiger ist als das neue Fahrrad. Und dummerweise steht die „erfüllte Partnerschaft“ jetzt nicht mehr auf der neuen Sechserliste.

Gut, dann korrigieren Sie auf der ursprünglichen, langen Liste die Reihenfolge und setzen ihre eigenen Prioritäten. Ohne die Übung mit der Zufallsreihenfolge würden Sie sich nicht so intensiv mit der Priorisierung ihrer Ziele und Wünsche auseinandersetzen.
Diese Übung (mit oder ohne Würfel) sollten Sie mindestens zweimal im Jahr machen.

3) Freunde befragen

Sie treffen sich mit einer guten Freundin, einem guten Freund und stellen ihm oder ihr Fragen wie: „Was kann ich deiner Meinung nach sehr gut, was kann ich besser als andere?“ Und: „Wenn du eine ideale Aufgabe, den idealen Job für mich aussuchen müsstest, was wäre das dann?“

Für viele Menschen und für viele meiner Klienten ist es eine echte Herausforderung, diese Fragen zu stellen. Idealerweise fragen Sie natürlich zwei oder drei Menschen, die ihnen besonders nahestehen. Das Ergebnis ist für viele immer wieder sehr überraschend; positiv überraschend. Bitte schreiben Sie die Antworten unbedingt auf. Nur so werden Sie den größten Nutzen aus dieser Übung ziehen. Legen Sie diese Antworten ganz beruhigt zu Ihren Unterlagen. Durch das Aufschreiben werden diese Antworten intensiv in Ihnen weiterarbeiten. Und wenn Sie dann das nächste Mal über die gute Fee nachdenken oder erneut Ihre Sechserliste erstellen, werden die Antworten Ihrer Freunde gedanklich immer mit im Spiel sein.

Mehr Material und Anregungen finden Sie auf www.richardobermaier.de

Durch das Telefonat ist, Gott sei Dank, die erste depressive Stimmung und Traurigkeit von Schorsch erst einmal weg. Trotzdem hat er keine Lust auf Sport oder auf ein Treffen mit Bekannten.
Stattdessen setzt er sich in seinen Lieblingssessel. Er nimmt das Buch, das er eigentlich gestern noch weiterlesen wollte, wieder in die Hand. Das Buch hat ein guter Freund von ihm, Michael Hoberenz, geschrieben. Er schlägt einfach wahllos auf und blättert zum nächsten Kapitelanfang, das Kapitel heißt „Veränderung“.
An den Anfang jedes Kapitels hat Michael immer eine Lebensweisheit gestellt. Die ersten Sätze dieses zweiten Kapitels lauten:

„Manchmal kommen Veränderungen gewaltsam von außen
und zeigen, dass man vom eigenen Glück weit entfernt ist.
Veränderungen begleiten uns das ganze Leben;
und es ist immer nur die Frage, wie wir damit umgehen.“

„Ja, Michael, der Spruch passt zu dir“, sagt Schorsch zu sich selber. „Aber, lieber Michael, ich will keine Veränderung – ich will bei der Bemwer AG bleiben.“
Und er klappt das Buch sofort wieder zu. „Dann eben doch der Fernseher“, führt Schorsch sein Selbstgespräch weiter, schaltet das Gerät ein und macht es sich auf der Couch bequem. Nach zwei Stunden Serien und Werbung fallen ihm dann doch die Augen zu.

Schorsch ist im Kuhstall und sitzt auf einem Melkschemel. Er zieht und zupft an dem Euter der Kuh, aber es kommt einfach keine Milch in seinen Melkeimer.

Dann wird das Tier unruhig. Es fängt an, laut zu brüllen; ein lautes „Muh“ nach dem andern. Und die Kuh fängt an, ihn ganz langsam an die Wand zu drücken. Die Kuh drückt immer fester und fester. Schorsch bekommt immer weniger Luft. Ich ersticke, denkt sich Schorsch. Ich ersticke! Er wird immer kurzatmiger und fängt an asthmatisch zu husten. Ich werde sterben, denkt sich Schorsch. . .

Schorsch wacht auf und sitzt schweißgebadet und hustend auf seiner Couch. „So ein blöder Traum“, sagt Schorsch halblaut zu sich selbst; er steht auf, geht ins Bett und versucht weiterzuschlafen. Doch der Traum geht ihm noch lange im Kopf herum.

Am nächsten Tag denkt er immer wieder an seinen Traum mit der „Mörder-Kuh“, wie Schorsch sie nennt. Der Dienstag in der Arbeit will einfach kein Ende nehmen. Am Vormittag kommt sein „Widersacher“, Herr Meyer-Edlich viermal vorbei und will Erläuterungen zu unwichtigen Nebensächlichkeiten haben. Das ist zumindest eine Unterbrechung beim Trübsinnblasen.
Der Nachmittag zieht sich wie ein Kaugummi und deswegen beschließt Schorsch, auch an diesem Tag wieder früher nach Hause zu gehen.

„So kann es nicht weitergehen“, sagt Schorsch immer wieder zu sich selbst. „Aber ich kann doch auch nicht wie ein 20-jähriger Aussteiger einfach den ganzen Sommer auf eine Almwirtschaft gehen. Und bei der Bemwer ist für mich in nächster Zeit einfach nur tote Hose.“

Schorsch dämmert es allmählich, dass er ohne fremde Hilfe aus seiner depressiven Phase nicht so leicht herauskommen würde.

In seiner Wohnung fällt sein Blick dann wieder auf das Buch seines Freundes, Michael. Gut, denkt sich Schorsch, dann bist du vielleicht der Richtige, um mir zu helfen.
Und im nächsten Moment greift er zu seinem Handy und ruft Michael an. Nach dem vierten Läuten geht der Anrufbeantworter an. Schorsch legt wieder auf.
„Typisch, wenn ich dich mal brauche, dann bist du nicht da."
Kaum zwei Minuten später läutet das Handy „Michael Hoberenz" zeigt das Display.
„Michael, vielen Dank für deinen Rückruf; das ging ja schnell."
„Es gibt Orte", entgegnete Michael, „da nehme ich mein Handy halt nicht mit" und lacht.
„Schorsch, das ist ja schön, dass du angerufen hast. Was gibt's? Was kann ich für dich tun? Willst du mit mir eine Bergtour machen?"
„Ich glaube, ehrlich gesagt, dass du eine ganze Menge für mich tun kannst."
Und dann erzählt Schorsch von der Aussichtslosigkeit im Job, und dass er im Moment einen echten Durchhänger hat und dringend Unterstützung brauchen könnte.
„Eine klassische Coaching-Herausforderung", sagt Michael, nachdem Schorsch fertig ist. „Da sollten wir uns möglichst bald zusammensetzen. Heute Abend geht leider nicht, aber wie schaut es morgen Abend bei dir aus? Sagen wir 18:00 Uhr?"
„Passt! Morgen Abend um sechs bei mir", bestätigt Schorsch. „Ich freue mich richtig drauf."
„Ja, ich auch", sagt Michael. „Ich hoffe, ich kann dir helfen."

Kapitel III: Michael, dein Freund und Helfer

Bereits um zehn Minuten vor sechs läutet es und Michael kommt schwer bepackt die Treppe herauf. Nachdem er seine Sachen abgestellt hat, gibt es erst einmal eine herzliche Umarmung.

„Immer noch alkoholfreies Weißbier“, fragt Schorsch. „Ja, passt“, antwortet Michael.

„Und bist du denn noch bei Siemens“, fragt Schorsch weiter. „Wie schafft man es, neben dem normalen Beruf noch so viele Termine wahrzunehmen und dann auch noch ein Buch zu schreiben?“

„Nein, Schorsch, das geht wirklich nicht. Ich bin meiner inneren Stimme gefolgt und mache jetzt nur noch Coaching, fast nur für Führungskräfte und dabei sehr viel Veränderungs-Coaching. Also eigentlich genau dein Fall.“

Michael baut sein portables Flipchart auf und befestigt zwei weiße selbstklebende DIN-A1-Blätter an der Wand. Auf das Flipchart schreibt Michael die Überschrift „Bemwer AG“, links darunter „dafür“ und rechts darunter „dagegen“.

„Ich habe dir noch gar nicht von dem Angebot von Gaby erzählt“, wirft Schorsch ein. „Sie will, dass ich diesen Sommer auf ihrer Almwirtschaft für sie arbeite.“

„Alles zu seiner Zeit“, entgegnet Michael, „erst machen wir einmal eine grobe Bestandsaufnahme. Also leg los. Was spricht für deinen jetzigen Job?“

„Was spricht für meinen Job?“, wiederholt Schorsch halblaut. „Na ja, die Sicherheit“, kurze Pause „dann die betriebliche Altersvorsorge und das Projekt Minerva.“ Wieder macht Schorsch eine Pause. „Weiterbildungsmöglichkeiten, kurzer Weg in die Arbeit, ich kenne die Leute, es ist mein Fachbereich Maschinenbau.“

Währenddessen schreibt Michaels alles brav untereinander auf das Flipchart.
„Weiter, weiter“, treibt Michael ihn an. „Was sonst noch, überlege nicht lange.“
„Die Kantine“ sagt Schorsch. „Und die Weihnachtsfeier und das Urlaubsgeld, der Betriebsrat!“
Wieder kurze Pause. „Und ich arbeite bei einem der top Unternehmen der Branche, das heißt gutes Image.“
„Gut“, sagt Michael. „Wenn uns noch was einfällt, dann schreiben wir es nachher dazu. Jetzt zur rechten Seite, was spricht dagegen?“
„Langeweile und fehlende Herausforderung“, sagt Schorsch sofort. „Es hat ja wohl einen tieferen Grund gegeben, dass du mich angerufen hast“, wirft Michael ein.
„Ja, ich bin abgeschoben, ausgebootet worden . . . und dadurch auch irgendwie verletzt.“
„Auch beleidigt?“, fragt Michael. „Wenn du so willst, ja, auch beleidigt.“
Also schreibt Michael auf die rechte Seite unter Langeweile und fehlende Herausforderung auch abgeschoben, verletzt und beleidigt. „Verletzt / beleidigt“ kommt dabei in eine Zeile.
Schorsch überlegt weiter. Im Moment fallen ihm keine großen Punkte mehr ein.

„Ja, lieber Schorsch, dann schau dir das an. Dann ist doch eigentlich alles klar: Du hast links eine lange Liste und rechts nur wenige Punkte. Dann ist es doch offensichtlich: Du bleibst bei Bemwer!“
„Nein“, ruft Schorsch spontan. „Das stimmt nicht, das fühlt sich falsch an, da kommt das Falsche raus!“
Von Michael kommt darauf ein lang gedehntes „Ah!“ Er macht eine kleine Pause.

„Jetzt kommen wir der Sache schon näher." Und er wiederholt den Satz von Schorsch: „Das fühlt sich falsch an."
„Und heißt das", fragt Michael weiter, „dass du von Bemwer weg willst?"
„Das weiß ich noch nicht", antwortet Schorsch völlig verunsichert. „Vielleicht!"
„Gut", sagt Michael. „Dann erzähl doch von Gabys unmoralischem Angebot."
„Hey, von unmoralisch war nie die Rede", kontert Schorsch.
„Ja, komm schon; um was geht es?"

Und dann legt Schorsch los: „Ich würde einen Sommer bei ihr auf der Almwirtschaft verbringen und dort mit ihr arbeiten. Das heißt alles, Essen vorbereiten, Getränke ausschenken, viel bedienen, also kompletter Service, die Tische abräumen und wieder sauber machen. So klassische Gastronomie auch mit allem, was der Gast nicht sieht. Einfach schauen, dass der Laden läuft.
Und natürlich auch Bestellungen machen, vor dem Wochenende auch mal vorkochen.
Ich bin dabei natürlich viel im Freien, weil das Hauptgeschäft auf der großen Terrasse ist. Es gibt auch Kühe auf der Alm; aber ich weiß noch gar nicht so recht, was da wirklich zu tun ist."
Bereits bei seinem ersten Satz fängt Schorsch an, auf und ab zu gehen. Als er sich wieder umdreht, sieht er, dass Michael kein einziges Wort aufgeschrieben hat. Stattdessen hat er sein Handy in der Hand und blättert WhatsApp-Nachrichten durch.

Schorsch ist ganz schön sauer. „Sag einmal, hörst du mir überhaupt zu?", fragt Schorsch in gereiztem Ton. „Nein", sagt Michael, „muss ich auch gar nicht. Geh zu Gaby auf die Alm."

„Und was macht dich, bitte schön, so sicher, dass das die richtige Entscheidung für mich ist?“

„Ganz einfach, Schorsch. Bei deinen Argumenten für und wider „Bemwer“ ging das eher zäh und es kam vom Kopf. Bei der Geschichte mit der Almwirtschaft, war plötzlich ein Leuchten in deinen Augen, deine Stimme war viel lebhafter und du hast auch viel schneller gesprochen. Das kam vom Herzen oder vom Bauchgefühl, wenn du so willst. Und negative Punkte hast du bis jetzt noch gar nicht aufgezählt.“

„Und damit sind wir jetzt fertig, oder was?“, will Schorsch wissen.

„Ja und nein“, sagt Michael. „Ja, wenn es dir nur um die kurzfristige Entscheidung für diesen Sommer geht. Dann musst du einfach rausfinden, welche Möglichkeiten es gibt und wie du das organisieren kannst. Falls du dich dann wirklich für die Alm-Wirtschaft entscheidest!

Aber das wird dein Problem nicht lösen!“

Und dann machte Michael wieder eine seiner langen Pausen.

„Was soll das heißen, wird mein Problem nicht lösen?“, unterbricht Schorsch die Pause.

Schritt 2: Was sind die nächsten Werkzeuge?

4.) Ist-Analyse mit Bewertung 5.) Plus-Minus-Liste 6.)Kraft-Feld-Analyse

Bei der **Ist-Analyse** stellen Sie erst einmal fest, womit Sie ihre Zeit verbringen. Das klingt erst einmal banal und fast selbstverständlich. Aber das ist zu Beginn eine wirklich schwierige Übung. Welches Format Sie wählen, ist letztendlich egal. Ob Sie es handschriftlich machen oder über Handy oder Tablet ist zweitrangig, die Regelmäßigkeit und Vollständigkeit sind wichtiger.

Sie schreiben einfach auf, was Sie den ganzen Tag über machen. Und das beinhaltet nicht nur Ihre beruflichen Tätigkeiten, sondern das beginnt mit ihren Tagesroutinen. Das heißt, Sie schreiben zum Beispiel auf, was Sie am Morgen – wahrscheinlich jeden Morgen gleich – tun und wie lange Sie dafür brauchen. Sie werden dabei feststellen, wie viel Routine am Morgen und auch im sonstigen Tagesablauf vorhanden ist.

Wenn Sie damit anfangen, können Sie dies auch für circa eine Woche rückwirkend machen. Und dann sollten Sie Ihre Aufzeichnungen immer bei sich haben, um während des Tages einfach kleine Notizen zu machen. Sie schreiben erst einmal rund drei Wochen nur auf, was Sie tun. Auch wenn das noch so selbstverständlich für Sie klingt, entscheidend ist, dass Sie es aufschreiben. Das Ganze beinhaltet natürlich auch eine absolute Ehrlichkeit mit sich selbst: Wenn Sie drei Stunden ihre Lieblingsserien im Fernsehen anschauen oder zwei Stunden Autos im Internet konfigurieren, dann sollten Sie das auch genauso aufschreiben.

Erst nach drei Wochen – dieser Zeitraum hat sich bewährt – gehen Sie an die Bewertung ihrer Ist-Analyse. Schreiben Sie Ihr wichtigstes Ziel oder auch ihre drei wichtigsten Ziele auf ein gesondertes Blatt. Sie schreiben zum Beispiel: Gruppenleiter werden, das Unternehmen verlassen, erfüllte Partnerschaft. Die beiden ersten Ziele könnten sich ja kurzfristig widersprechen. Ob die Ziele wirklich tragen, das heißt, ob Sie wirklich überzeugt sind von Ihren Zielen, wird sich beim Arbeiten mit den Selbst-Coaching-Instrumenten ganz automatisch zeigen.

Sie nehmen sich nun Ihr Ziel (zum Beispiel Gruppenleiter werden) und bewerten Ihre vielen Tätigkeiten im Laufe der letzten drei Wochen mit einer Zahl von null bis zehn.

Zehn heißt, diese Tätigkeit hatte einen sehr hohen Nutzen, einen sehr hohen Beitrag für die spätere Zielerreichung. Und null heißt folgerichtig, dass diese Tätigkeit für das angestrebte Ziel völlig wertlos war. Das Feierabendbier oder die Tasse Kaffee mit den Arbeitskollegen aus der anderen Abteilung bekommt in diesem Zusammenhang vielleicht eine zehn und das einstündige Suchen nach neuen Schuhen im Internet bekommt dann wahrscheinlich nur eine eins oder zwei.

Bitte gehen Sie Ihre Liste gewissenhaft und ehrlich durch. Und damit haben Sie die Ist-Analyse mit Bewertung auf den ersten Blick bereits abgeschlossen. Aber diese Bewertung wird in Ihnen weiter arbeiten. Wenn Sie erkannt haben, dass die Kontaktpflege oder die Durcharbeitung eines Fachartikels mehr zur Zielerreichung beiträgt als die Konfiguration von Hundertausend-Euro-Autos im Internet, dann werden Sie beim nächsten Öffnen einer Autokonfigurationsseite vielleicht innehalten und den Vorgang wieder abbrechen. Ihre Liste legen Sie erst einmal zu Ihren Unterlagen.

Auch die **Plus-Minus-Liste** funktioniert nur, wenn Sie konsequent schriftlich geführt wird, egal ob handschriftlich oder auf einem elektronischen Medium. Sie teilen einfach Ihr Blatt, Ihr Word- oder Excel-Dokument in zwei Hälften. Links oben steht: „Was spricht dagegen?“ und rechts oben steht: „Was spricht dafür?“. Und in der Mitte steht natürlich das Ziel, also zum Beispiel eine bestimmte Fortbildung oder auch Kündigung und Unternehmenswechsel.

Und dann schreiben Sie wahllos (ja!), was Ihnen zu den Überschriften einfällt. Ohne jegliche Bewertung schreiben Sie, was dafür und was dagegen spricht.

Wahrscheinlich werden Ihnen im Laufe der nächsten Tage noch ein paar zusätzliche Punkte einfallen, die Sie dann einfach ergänzen.

Wenn Sie dann nach dem ersten größeren geistigen Erguss einen kritischen Blick auf Ihre Liste werfen, dann stehen vielleicht auf der Plusseite wesentlich mehr Dinge als auf der Minusseite. Und dann kommt die sehr wichtige und für Sie entscheidende Frage: „Fühlt sich das richtig an?“ Fühlt es sich zum Beispiel richtig an, dass auf der Plusseite mehr steht als auf der Minusseite? Wenn das so ist, dann notieren Sie das kurz auf Ihre Liste. Und dann wandert die Liste wieder zu Ihren Unterlagen. In der entsprechenden Entscheidungssituation, vielleicht sogar in den nächsten Tagen werden Sie diese Liste ohnehin und auch ohne eine Anleitung immer wieder betrachten.

Die **Kraft-Feld-Analyse** ist der Versuch, sich im Vorfeld den Weg zum Ziel konkreter vorzustellen. Ziel ist es, diesen Weg geistig nach „Minen“ und „Auflade-Stationen“ abzusuchen. Wer kann Sie, wer wird Sie bei ihrem Vorhaben unterstützen? Und wer wird Sie bei diesem Vorhaben – bewusst oder unbewusst – behindern?

Wenn Sie zum Beispiel vorhaben, Ihren Arbeitgeber zu wechseln, dann kann es sein, dass Ihre Eltern oder auch bestimmte Freunde Ihnen davon abraten. Bei der Entscheidungsfindung ist es sehr sinnvoll, sich mit den Kritikern, sich mit den Einwänden auseinanderzusetzen. Wenn Sie aber Ihre Entscheidung getroffen haben, dann sind die ständigen Kritiker, die Bremser sicher nicht von Vorteil.

Diese Übung hilft Ihnen aber auch, sich intensivere Gedanken über mögliche Unterstützung zu machen. Unterstützung und Unterstützer, an die Sie bisher vielleicht nicht gedacht haben.

Es ist fast nicht mehr nötig, es zu erwähnen, aber auch die Kraft-Feld-Analyse muss schriftlich gemacht werden. Schriftlichkeit diszipliniert und strukturiert unser Denken; ein unschätzbarer Vorteil.

Bei diesen drei Instrumenten ist unwichtig, mit welchem Sie anfangen. Starten Sie mit dem Instrument, das Ihnen auf Anhieb am besten zusagt. Wichtig ist nur: anfangen!

Start dirty but start NOW!

Sie möchten gerne ein paar Vorlagen oder Formulare? Diese finden Sie auf meiner Website: www.richardobermaier.de

Kapitel IV: Michael macht ernst

„Ich habe dir bis jetzt nur den Spiegel vorgehalten. Du hast aufgeschrieben, was du eh schon weißt; vielleicht etwas strukturierter, aber auch nicht mehr. Ich habe aufmerksam zugehört und ich habe versucht, deine Körpersprache und deine Gefühle zu lesen und zu interpretieren. Nicht mehr und nicht weniger.

Die Situation, die Fragestellung vor der du jetzt stehst, wird so oder so ähnlich immer wieder auftauchen. Es sei denn, es gelingt dir, das herauszufinden, was du wirklich willst.

Und das kann ich dir gleich schon sagen: Das ist nichts für Warmduscher und VorwärtsEinparker, da geht es wirklich ans Eingemachte

Lieber Schorsch, wenn du das wirklich, wirklich willst, dann mache ich das mit dir. Nicht jetzt und heute, aber wir könnten zum Beispiel morgen die ersten Schritte in diesem Prozess machen.

Dazu lasse ich dich für heute einfach alleine. Deine Pflichtlektüre für heute Abend ist das vierte Kapitel aus meinem Buch. Es heißt: Was willst du wirklich?

Und wenn du dann in Ruhe darüber geschlafen hast, dann ruf mich morgen früh an und wir besprechen das weitere Vorgehen."

„Was du gehst jetzt schon wieder?", fragt Schorsch.

„Ja", antwortet Michael. „Du hast jetzt ein paar Seiten zu lesen und vor allem hast du viel, über das du nachdenken musst. Und ein paar Dinge aufschreiben musst du auch noch.

Aber wir sind heute ein ganz wichtiges Werkzeug des Selbst-Coachings schon durchgegangen: die Plus-Minus-Liste, das heißt, einfach aufschreiben, was dafür spricht und was dagegen. Und du hast gesagt, welche Gefühle da bei dir mitschwingen.

‚Das fühlt sich falsch an‘, waren deine Worte. Plus-Minus-Liste können wir abhaken. Komm lass dich noch mal drücken. Und dann bin ich auch schon verschwunden. Das Flipchart lass ich erst mal da; wer weiß, wann wir es wieder brauchen.“
Dann umarmt Michael seinen Freund noch einmal, nimmt seine Jacke und ist auch schon wieder draußen.

Schorsch steht erst mal da, wie ein begossener Pudel. „Was war das denn? Kommt, verunsichert mich erst einmal komplett und sagt mir, dass ich auf die Alm gehen soll.
Das weiß ich doch noch gar nicht!
Und dann macht Schorsch das, was er immer macht, wenn er nachdenken will, wenn er verunsichert ist: Er geht erst einmal spazieren. „Gehen klärt das Hirn“ ist sein Lieblingsspruch.
Daher macht Schorsch erst einmal einen schönen langen Spaziergang durch sein Wohnviertel. Da kommt es ihm ganz gelegen, dass sein Lieblings Döner-Mann noch offen hat. Super!, denkt sich Schorsch da ist doch mein Abendessen.
Und genüsslich beißt Schorsch in seinen Döner, „mit allem – auch mit scharf“. Ein weiches Fladenbrot außen knusprig, innen schön weich, knackiger Salat und dieses herrlich krosse Fleisch mit dieser tollen Gewürzmischung, die so einen angenehm scharfen Nachgeschmack hat.
Nach dem dritten Bissen merkt Schorsch, dass ihm etwas Fett aus seinem Döner an der Hand und am Unterarm entlang in den Hemdsärmel gelaufen ist. Mensch Schorsch, denkt er sich, jetzt bist du auch noch zu blöde zum Döner essen!
Und prompt fällt ihm wieder der blöde Essens-Witz ein, den ihm ein Freund letzte Woche erzählt hat. Ein Ehepaar speist in einem feinen Lokal. Sie rutscht mit der Gabel ab und der schöne Trüffel-Ravioli landet auf ihrer weißen Bluse. „Ich schau aus wie ein Schwein“, sagt sie zu ihrem Mann.
„Ja“, sagt er „und bekleckert hast du dich auch noch.“

„Und bekleckert hast du dich auch noch", sagt Schorsch halblaut zu sich selbst und macht sich auf den Heimweg. Wieder Zuhause angekommen, wäscht er sich den Arm ab und zieht ein neues Hemd an. Auf seinem Küchentisch liegt immer noch das Buch von Michael, praktisch seine Hausaufgabe für heute Abend. Schorsch setzt sich hin, blättert zu Kapitel vier „Was willst du wirklich?" und fängt an zu lesen.

Ein Coach fragt: Was ist dein Ziel, was ist dein Anliegen?
Als Antwort kommt dann oft die Frage: Habe ich ein Ziel? Und wenn ja wie viele?
Dazu gibt es vier schöne Übungen, die man sofort umsetzen kann

Übung 1: Die Fee im Wald

> *Du begegnest im Wald einer wunderhübschen Fee (Feen sind immer wunderhübsch!).*
> *Du denkst dir Oha, eine Fee. Dann habe ich jetzt ja drei Wünsche frei.*
> *Und du sprichst die Fee auch sofort an und fragst: „Habe ich jetzt drei Wünsche frei?"*
> *Daraufhin schimpft die Fee: „Du ungehobelter und unhöflicher bayerischer Rüpel! Erstens, wartet man immer, bis man von einer Fee angesprochen wird. Das ist Teil der Show.*
> *Und zweitens begrüßt man eine Fee erst einmal ganz höflich. Sonst kann es passieren, dass so eine Fee auch, huschti-buschti, schnell wieder weg ist."*
> *„Oh, entschuldige liebe Fee. Du musst verstehen, ich habe nicht viel Erfahrung im Umgang mit einer Fee. Grüß Gott, liebe Fee. Ich freue mich dich zu sehen."*

„Schon besser", murmelt die Fee. „Das mit den drei Wünschen war vor langer, langer Zeit. Das machen wir schon lange nicht mehr. Normalerweise gibt es bei uns nur noch einen einzigen Wunsch. Ich bin sehr selten in diesem wunderschönen Bayern unterwegs. Diesen Bayern geht es anscheinend so gut, dass hier nur selten eine Fee angefordert wird. Und weil ich dieses Land so liebe, hast du ausnahmsweise zwei Wünsche frei.
Du kennst die Regeln: Der Wunsch geht auf alle Fälle in Erfüllung und es gibt kein Zurück."
Kurze Pause
„Und: Schlaumeier-Wünsche kannst du dir sofort abschminken. Also wenn du als ersten Wunsch hundert weitere Wünsche hast, dann bin ich sofort weg.
Also, was sind deine zwei Wünsche? Ich habe nicht den ganzen Tag Zeit für dich."

Ja, lieber Leser, liebe Leserin, was sind deine zwei Herzenswünsche? Wenn du die Frage der Fee nicht spontan beantworten kannst, dann empfehle ich dir Übung zwei: die Sechserliste.

Übung 2: Die Sechserliste

Bitte hole dir ein Blatt Papier und schreibe – ohne lange nachzudenken – viele Sachen auf, die du gerne machen würdest.
Hier ein paar Fragen und Anregungen, die dir bei der Formulierung deiner Sechserliste helfen könnten:

- *Was wollte ich als Kind, als Jugendlicher immer gerne machen?*
- *Welche Tätigkeiten machen mir besonders viel Spaß?*
- *Welchen Sport schaue ich gerne an oder bewundere ihn?*
- *Welchen Sport mache ich selbst besonders gerne?*
- *Bei welchen Aufgaben und Tätigkeiten bin ich im „flow", das heißt ich bin besonders glücklich und zufrieden und vergesse meine Umwelt?*
- *Welche Tätigkeiten bewundere ich?*
- *Welche Personen beeindrucken mich?*

Bei dieser Liste geht es um Wünsche und Sehnsüchte, also Argumente wie „zu wenig Zeit oder zu wenig Geld" zählen nicht; es geht darum, Dinge aufzuschreiben.
Schreibe ein paar Sätze auf wie: „Wenn ich nicht A (dein jetziger Beruf) geworden wäre, dann wäre ich ganz gerne B (dein Traumberuf?) geworden." Oder: „Wenn ich nicht die Ausbildung als A gemacht hätte, dann wäre ich jetzt wahrscheinlich B."
Bitte überlege bei dieser Liste nicht lange. Du hast jederzeit die Möglichkeit, Punkte von dieser Liste zu streichen und dafür neue Punkte aufzunehmen.

Dann legst du diese Liste für ein paar Stunden oder für einen ganzen Tag zur Seite. Wenn du sie dann wieder zur Hand nimmst, musst du die Liste auf sechs Punkte reduzieren, das heißt so viel streichen, bis nur noch sechs Punkte auf der Liste stehen.

Wenn du mit dieser Liste erst einmal zufrieden bist, dann liest du sie dreimal langsam und laut vor. Ja, laut vorlesen.
Und dann nimmst du diese Liste und gehst mit ihr spazieren. Gehe mindestens eine halbe Stunde. Nach dem Spaziergang nimmst du einen Würfel und lässt den Würfel entscheiden, welche zwei Wünsche übrig bleiben dürfen.
Das Vorgehen klingt wahrscheinlich komisch; mach es trotzdem! Es bleibt dir überlassen, ob du zehnmal oder zwanzigmal würfelst, eine Strichliste führst und dann die zwei Wünsche mit den meisten Strichen auswählst. Oder ob du nur zweimal würfelst und dann diese beiden Wünsche nimmst. Auf alle Fälle schreibst du diese beiden Wünsche auf ein neues Blatt.
Und dann wirst du wahrscheinlich feststellen, dass sich die Auswahl „nicht richtig anfühlt". Das heißt, du bist mit der Auswahl des Würfels nicht zufrieden.
Und spätestens dann, merkst du, dass dir ein anderer Wunsch oder andere Wünsche mehr am Herzen liegen. Und diese Wünsche schreibst du dann auf ein neues Blatt.

Übung 3: Die Ist-Analyse

> *Du schreibst für die nächsten drei Wochen ein „Tagebuch der Tätigkeiten", das heißt, du schreibst einfach auf, was du jeden Tag machst. Das beinhaltet natürlich auch die Wochenenden. Da steht dann: Fußball spielen, Lebensmittel einkaufen oder auch Geburtstagseinladung, aber auch Wohnung putzen und Internet surfen.*
> *Für den Arbeits-Alltag darf da eine sehr lange Liste mit Tätigkeiten und Aufgaben stehen.*
> *Und am Ende jeder Woche – oder auch nach drei Wochen – nimmst du diese Liste und bewertest jede Tätigkeit. Am besten bewährt hat sich die klassische Zehnerskala: Null steht für: „Das will ich gar nicht" oder „Ich hasse diese Tätigkeit" und zehn steht für: „Mehr, ich will mehr davon!".*

Wenn du, lieber Leser, jetzt sofort loslegen willst, dann kannst du diese Ist-Analyse auch für die Vergangenheit erstellen. Und du kannst natürlich jetzt eine Vergangenheits-Ist-Analyse erstellen und diese dann in den nächsten drei Wochen fortführen.

Übung 4: Frage deine Freunde

> *Gehe mit einer guten Freundin, einem guten Freund auf ein Bier, einen Prosecco oder auch einen Mango-Lassi. Gut, wenn es keinen besonderen Anlass gibt. Es herrscht eine entspannte und vertrauensvolle Gesprächsatmosphäre.*
> *Und dann stellst du folgende Fragen:*

„Wenn du einen Personal-Steckbrief für mich erstellen würdest, was würde da drauf stehen? Also, was kann ich, deiner Meinung nach, besonders gut? Für was stehe ich? Für welche Tätigkeiten würdest du mich weiterempfehlen?"
Diese Fragen werden dein Gegenüber erst einmal sehr überraschen. Lass nicht locker und versuche wenigstens zehn Aussagen – oder auch Tätigkeiten – zu sammeln.
Du kannst diese Fragen auch gerne schon vor eurem Treffen ankündigen.
Dann ist dein Gesprächspartner nicht so überrascht und kann sich schon vorher ein paar Punkte überlegen.

Mach diese Übung am besten mit zwei oder drei Freunden. Es ist für viele Menschen oft sehr überraschend, aber auch inspirierend und motivierend, was da so rauskommt. Übrigens lässt sich diese Übung auch ohne Bier, Prosecco oder Mango-Lassi am Telefon durchführen.

Also noch einmal die Kurzform: Erstens die Fee im Wald, zweitens die Sechserliste, drittens die Ist-Analyse und viertens Freunde fragen. Mit diesen vier Übungen bekommst du ein sehr gutes erstes Bild und weißt nun zumindest die grobe Richtung, in die die Reise gehen soll.
Was hält DICH davon ab, jetzt, genau JETZT, eine Übung oder alle vier Übungen auszuprobieren?
Also lege bitte jetzt das Buch weg, hole dir Papier und lege los. Start dirty but start NOW!

Und Schorsch legt wirklich das Buch weg, setzt sich auf seinen Lieblingssessel am Fenster und denkt nach. Bereits nach wenigen Minuten steht er auf, holt sich Papier und Kugelschreiber und fängt an zu schreiben. Später geht er auch noch spazieren und fängt an zu würfeln. Und noch später ruft er auch noch seinen Freund Manfred an und stellt ihm ein paar überraschende Fragen.
Und kurz vor Mitternacht hat Schorsch einige Blätter vollgeschrieben. Er ist zufrieden mit seinen ersten Anfängen und geht todmüde ins Bett.

Schorsch ist auf einer Beerdigung. Bestattet wird ein junger Mann, Ende zwanzig, in kurzen Lederhosen und bayerischer ärmelloser Weste. Seltsam, denkt sich Schorsch, liegt in der kurzen Lederhose im offenen Sarg.
Er beobachtet diese Beerdigung nur; er ist keiner der vielen Trauergäste. Und er ist auch Beobachter, als dieser junge Mann in den Himmel kommt. Dort beklagt der junge Mann sich beim lieben Gott, dass er bereits jetzt, so jung, hat sterben müssen.
„Ich hatte doch noch so viel zu tun. Ich wollte doch noch so viel machen. Warum musste ich jetzt schon gehen?"
Darauf erwidert Gott: "Du wolltest Abitur machen und Geologie studieren, aber Geld verdienen und saufen war dir dann doch wichtiger.
Du wolltest Bergführer werden und du wolltest Skilehrer werden, du hast dich aber nie für eine Ausbildung angemeldet. Du wolltest eine Familie gründen und Kinder haben, aber du bist beim ersten Streit mit deiner Freundin immer davongelaufen. Kurz: Du hattest sehr viele Chancen und hast nie etwas beendet. Also wofür wolltest du noch länger auf der Erde bleiben? Du hattest bei uns keine Wünsche mehr offen."

Da ruft Schorsch laut in das Gespräch hinein: „ICH, ICH habe noch viele Wünsche offen!“
Und dann wacht er mit Schweißperlen auf der Stirn auf.
Da er seit Langem einen kleinen Block und einen Stift neben dem Bett liegen hat, schreibt er sofort ein paar Stichworte zu diesem Traum auf. Er denkt lange über den Traum nach. Und irgendwann schläft er dann auch wieder ein.

Am Morgen steht er sehr früh auf. Und er erledigt seine normalen morgendlichen Gewohnheiten: immer die genau gleiche Reihenfolge von Kaffeemaschine einschalten, Butter aus dem Kühlschrank, Bad, Toilette und dann anziehen. Auch zurück in der Küche die immer gleiche Abfolge: Tasse aus dem Schrank und Milch aus dem Kühlschrank holen, bei der Kaffeemaschine auf Cappuccino drücken und dann Teller und Honig auf den Tisch stellen. Und wie seit Jahren unter der Woche auch immer das gleiche Frühstück: Honigbrot und Fruchtjoghurt mit etwas Haferflocken.
Und das erste Mal seit Jahren fällt Schorsch auf, dass er das immer und immer in der gleichen Reihenfolge macht. „Hey“, sagt Schorsch laut zu sich selbst. „So kann das ja nicht die nächsten Jahre weitergehen. Ich bin doch noch keine siebzig!“
Er überlegt eine Weile, ob er seine Entscheidung noch etwas hinausschieben soll.
Und plötzlich hatte er den Lieblingsspruch seines ersten Chefs im Ohr:
„Procrastination ist Scheiße . . . Und bringt nix.“
Und er geht zu seinem Handy. Er ruft seinen Freund Michael an. So früh am Morgen meldet sich bei Michael der Anrufbeantworter. Also spricht er auf den AB: „Hallo Michael, hier ist noch einmal der Schorsch.

Ich würde gerne unser Gespräch von gestern Abend möglichst bald fortführen – wenn das bei dir geht. Bitte kannst du mich so bald wie möglich zurückrufen!“

Dann zieht er seine Turnschuhe an, schlüpft in seine Regenjacke und öffnet die Haustür. Und da kommt auch schon der Rückruf von Michael. Die beiden vereinbaren, dass Michael um neun Uhr wieder vorbeikommt.
Daraufhin ruft Schorsch sofort die Abteilungssekretärin bei der Bemwer AG an. Er hofft natürlich, dass um diese Zeit noch der Anrufbeantworter eingeschaltet ist. Und so ist es auch. Mit einem schlechten Gewissen hinterlässt Schorsch die Nachricht, dass es ihm nicht gut gehe und er sich deshalb kurzfristig einen Urlaubstag nehme.
Und dann macht er, wie geplant, einen ausgiebigen Spaziergang im angrenzenden Park.

„Danke, dass du das so kurzfristig einrichten konntest“, sagt Schorsch zu Michael und umarmt ihn.
„Danke, dass du mir in dieser Situation hilfst. Ich glaube, du bist genau der Richtige dafür.“

„Danke sagen ist gut und gesund, es macht glücklich und motiviert“, erwidert Michael.
Überrascht dreht sich Schorsch zu ihm um: „Was hast du gesagt? Bist du unter die Prediger gegangen?“
„Nein“, sagt Michael, „Es gibt viele wissenschaftliche Studien, die eindeutig zeigen, dass dankbare Menschen gesünder und glücklicher sind. Und Menschen mit sogenannten Dankbarkeits-Gewohnheiten sind außerdem wesentlich motivierter und zielstrebiger. Und das ist mir gerade wieder eingefallen; du hast dich gerade zweimal bedankt.

Und außerdem steht das in meinem Buch." Und bei diesem Satz hat Michael dieses stolze und zufriedene Lächeln im Gesicht.
„Apropos Buch: Hast du das Kapitel gelesen? Welche Übungen habe ich in dem Kapitel erklärt?", will Michael wissen.
„Das mit der Fee, die Sechserliste, die Ist-Analyse und das mit dem Bier", antwortet Schorsch und lacht. „War das der Herr Lehrer, der nachfragt, ob die Hausaufgaben auch richtig gemacht wurden?", fragt er weiter.
„Nein", entgegnet Michael, „es passiert nur sehr oft, dass sich Leser und meine Kunden auf einen Punkt stürzen und die anderen werden dann vergessen. Darum empfehle ich immer, diese vier Punkte in den eigenen Kalender zu schreiben – ob in Papierform oder mit Elektronik ist dabei egal.
Also mit was sollen wir anfangen?"
„Ich glaube, Sechserliste wäre gut", sagt Schorsch und gibt ihm das Blatt.
„Soll ich auf die Alm gehen?", fragt Schorsch.
„Das weiß ich nicht", sagt Michael ziemlich laut.
„Ein Coach", fährt Michael fort „sagt dir nie, was du zu tun hast. Ein Coach hält dir einen Spiegel vor, damit du dich selber besser erkennst. Und ein Coach rennt dir ab und zu einen Dreizack in den Hintern, damit du endlich anfängst und in Bewegung kommst. Aber einen Ratschlag oder eine wirkliche Handlungsempfehlung sollte dir ein Coach nie gegeben. Du musst selbst herausfinden, was du tun willst. Und dabei kann dir ein Coach helfen.
Mein Buch heißt ja ‚Vom Coaching zum Selbst-Coaching'. Meine Leser sollen bei schwierigen Situationen oder Entscheidungen ja nicht zu einem Coach rennen, der Ihnen im Zweifel viel Geld abnimmt. Ich will meine Leser befähigen, sich selbst zu coachen. Und dazu gibt es eben Coaching-Werkzeuge, die man ganz einfach erlernen und selbst anwenden kann.

Coaching und Selbst-Coaching führt zu mehr Klarheit. Es führt dazu, dass man sich über seine eigenen Ziele und seine eigenen Motive klar wird. Nicht mehr und auch nicht weniger. Die letztendliche Entscheidung nimmt dir kein noch so gutes Coaching ab. Darf ich die Blätter mal sehen?"

Als Erstes nimmt sich Michael die Sechserliste von Schorsch vor. Er überfliegt die Liste kurz, dann schreibt er auf einem eigenen Blatt die Zahlen 1 bis 6 untereinander und gibt Schorsch seine Liste wieder zurück.
„Bitte tu mir den Gefallen, und lies deine Liste laut vor; bitte eins nach dem andern."
Michael macht die Augen zu und Schorsch liest laut vor:

1) Bergführer werden
2) eine Gaststätte erfolgreich führen
3) Alpenüberquerung Salzburg nach Triest
4) Fitnessstudio eröffnen
5) Hallenspielplatz eröffnen
6) Englischlehrer werden.

„Gut", sagt Michael; „Nummer drei, Alpenüberquerung wird sofort gestrichen."
„Warum", protestiert Schorsch.
„Alpenüberquerung?", fragt Michael abfällig. „Das machen auch 70-Jährige, die noch einigermaßen fit sind. Dazu brauchst du keine Fee und dazu brauchst du auch mich nicht. Ich weiß, wovon ich rede. Ich habe das letztes Jahr und dieses Jahr gemacht; also aufgeteilt auf zwei Sommer. Und für diese insgesamt 28 Etappen mit zusammen 540 km brauchst du sicher keine 28 Tage.

Du kannst öfter mal drei Etappen auf zwei Tage aufteilen. Und du kannst zum Beispiel zehn Etappen machen, wieder nach Hause fahren und Wochen oder Monate später den Weg wieder fortsetzen. Also Alpenüberquerung gestrichen!
Bitte überlege dir einen Ersatzwunsch."
„Okay", entgegnet Schorsch, „dann stattdessen ‚eigene Rockband'."
Michael macht auf seiner eigenen Liste einen kleinen Kreis um die Zahl 1, dann um die 2 und die 5.
„Und was genau ist ein Hallenspielplatz?", fragt Michael.
„Man sagt auch Fun Park oder Family Entertainment Center dazu. In einer Halle sind eine große Trampolinanlage, Elektro-Gocarts, eine hohe Kletterstruktur, lange Rutschen, Hüpfburgen usw. Es gibt auch eine Gastronomie dazu, unter anderem für Kindergeburtstage. Ich nenne es immer die gehobene deutsche Küche: Pommes, Pizza, Press-Fleisch. Es ist ein riesiger Indoor-Spielplatz für kleine und große Kinder."
„Gut", sagt Michael wieder. „Habe ich verstanden. Und hast du auch eine Würfelliste?"
„Ja", entgegnet Schorsch und gibt ihm ein weiteres Blatt. „Aber das ist falsch", fügt Schorsch hinzu.

„Ach, schon wieder!" ruft Michael. „Gestern bei der Plus-Minus-Liste zu Bemwer AG hast du auch gesagt ‚falsch'. Du hast gesagt, es *fühlt* sich falsch an. Und was, bitte, ist hier falsch?"
„Es stimmt einfach nicht", sagt Schorsch. „Wenn du so willst, das *fühlt* sich auch falsch an."
Michael schaut auf die zwei Punkte: Gaststätte eröffnen und Fitnessstudio eröffnen.
„Fühlen sich beide Punkte gleich falsch an?", fragt Michael. „Oder ist ein Punkt falscher?"

„Dein Deutsch war auch schon besser“ meint daraufhin Schorsch sarkastisch. „Fitnessstudio gehört irgendwie nicht dazu; mit Gaststätte kann ich mich ganz gut anfreunden.“
„Gut“, fährt Michael fort. „Dann setzen wir stattdessen den Englischlehrer drauf.“
„Nein“, protestiert Schorsch sofort. „Passt nicht!“
Von Michael kommt daraufhin ein lang gedehntes „Ahhh! Was dann?“
„Bergführer“, sagt Schorsch ohne große Überlegung.

„Gaststätte und Bergführer.“ Michael macht eine kleine Pause. „Fühlt sich das besser an?“, fragt Michael nach. „Es fühlt sich etwas seltsam und ungewohnt an, aber es fühlt sich nicht falsch an“, fasst Schorsch zusammen.

„Komm“, sagt Michael mit einem schelmischen Lächeln, „dann lass uns doch mal Gaststätte spielen. Wir tun jetzt so, als ob wir eine Gaststätte eröffnen und danach auch sehr erfolgreich führen. Punkt eins: Wie finde ich eine geeignete Gaststätte?“

Kaum hat Michael diese Frage gestellt, legt Schorsch auch schon los. Er redet von Gastro-Maklern, Immoscout und der eigenen Suche. Und er nennt frühere Bekleidungsläden und Schuhgeschäfte.
„Das Problem ist immer das gleiche. Es gibt immer einen Grund, warum das Lokal neu vermietet wird. Der Betreiber ist pleitegegangen; das heißt das Lokal lief nicht. Oder der Betreiber hört altersbedingt auf; das Lokal lief aber sehr gut. Dann ist meistens die Pacht sehr hoch und der Nachfolger trifft auf eine hohe Erwartungshaltung der bisherigen Kunden. Oder aber es handelt sich um ein komplett neues Lokal.

Das heißt, dieses Lokal kennt kein Mensch und die Frage ist, wie groß ist der unmittelbare Einzugsbereich und wie gut ist die Sichtbarkeit für die Hauptverkehrsströme. Bei einem bestehenden Lokal hast du zumindest den Vorteil, dass eine Gaststätten-Konzession vorhanden ist."
„Hey Schorsch", ruft Michael begeistert. „Du hast dir dazu ja schon wirklich Gedanken gemacht!"
„Ja, habe ich. Gastro liegt mir im Blut. Meine Oma hat 40 Jahre lang sehr erfolgreich eine bayerische Traditionsgaststätte geführt. Als Fünfjähriger habe ich am Ruhetag im Gastraum gespielt. Das war cool, wir sind auf den Tischen rumgelaufen und haben unter den Tischen Höhlen gebaut.
Und außerdem habe ich mir mit einem Bekannten einmal ganz konkret ein Lokal in München angeschaut. Letztendlich haben die Lage und der Preis nicht gepasst. Und wir haben uns auch nicht getraut."
„Ja, da schau her", sagt Michael bewundernd und macht sich eine kurze Notiz in sein kleines Buch.
„Lass uns trotzdem noch ein bisschen weitermachen. Wie schaut es mit der Finanzierung aus?"
„Das hängt ganz von der Größe des Lokals ab", referiert Schorsch sofort weiter. „Du brauchst auf alle Fälle 150 m^2 oder mehr. Und das Ganze sollte nicht mehr als fünfzehn bis maximal fünfundzwanzig Euro pro Quadratmeter kosten; das hängt natürlich sehr stark von der Lage ab. Und wir reden hier von Münchner Preisen."
Michael schreibt wieder kurz in sein Notizbuch.
Und Schorsch referiert weiter ohne Punkt und Komma über Ablösezahlungen, Schankanlagen und Inneneinrichtungen. Er redet über Vorräte und Werbekosten.
„Nimm etwa knapp 200 m^2 Gesamtfläche, dann solltest du bei der Erst-Investition nicht unter einer Viertelmillion Euro anfangen."

„Wow“, ruft Michael beeindruckt. „Und wo kommt das Geld her?“ will er wissen.
„Viele Restaurants und Kneipen überleben die ersten beiden Jahre nicht. Und daher ist es natürlich auch schwierig, Fremdkapital von Banken zu bekommen. Es sei denn, du hast eine Wohnung oder ein Haus, das du beleihen kannst.“
Michael macht wieder eine kurze Notiz in sein Buch.
„Es gibt auch Brauereien, die dir Darlehen geben“, macht Schorsch weiter „aber dann bist du natürlich auch an diese Biermarke gebunden. Und du zahlst höhere Preise für dein Bier und deine Getränke.
Mit einem Lokal mit circa 150 bis250 m^2 kannst du gutes Geld verdienen.“
Schorsch macht eine kurze Pause.
„Aber du kannst damit auch nach einem Jahr Insolvenz anmelden.“

Von Michael kommt wieder sein langgezogenes „gut“.
„Wir tun jetzt einfach so, als ob wir ein geeignetes Lokal gefunden haben. Von Banken, vielleicht auch aus dem Freundeskreis und natürlich mit deinem Eigenkapital kommt das nötige Startkapital zusammen. Das heißt Räumlichkeiten und Finanzierung können wir abschließen.“
„Machen wir also weiter mit Konzept, Personal, Werbung und allem, was so dazugehört“, sagt Schorsch.
„Nein“, sagt Michael und steht auf. Er schreibt „Gaststätte“ auf das Flipchart, schreibt darunter Räumlichkeiten und darunter Finanzierung. Dann macht er darunter links am Rand untereinander einige waagrechte Striche. „Hier kannst du noch deine weiteren Unterpunkte und alles was dir wichtig ist, dazuschreiben.

Der erste große Schritt ist damit jetzt erst einmal erledigt. Damit können wir die Übung ‚so tun als ob' erst einmal abhaken. Du weißt ja jetzt, was du zu tun hast."
„Was soll das heißen", fragt Schorsch „heißt dass, du gehst jetzt schon?"

Schritt 3: Fake it until you make it

Tu so, als ob du es bereits erreicht hast

Tu so, als ob du dich bereits entschieden hast

Viele meiner Klienten sträuben sich am Anfang gegen diese Übung. Vor allem Menschen, die sehr stark von ihrer Logik getrieben sind und auf ihren Verstand vertrauen, lehnen dieses wunderbare Instrument zu erst einmal ab. Und wenn ich diese Coachees dann doch überzeugen oder überreden konnte, dann waren genau diese Menschen hinterher absolut begeistert von diesem wirkungsvollen und effizienten Selbst-Coaching- und Selbstmotivation-Instrument.
Übrigens gibt es auch für diese Methode beeindruckende wissenschaftliche Nachweise.
Tun Sie so und benehmen Sie sich so, als ob Sie Ihr Ziel schon erreicht haben. Wenn Sie Führungskraft werden wollen, dann beschäftigen Sie sich auch mit den Themen einer Führungskraft! Und diese Themen stehen nicht in der Bild-Zeitung. Also lesen Sie die Fachartikel, die auch Führungskräfte lesen. Wenn Sie zum Beispiel Abteilungsleiter werden wollen, dann kleiden Sie sich auch so wie die Abteilungsleiter in Ihrem Unternehmen. Und wenn Sie Fußballtrainer mit A-Lizenz werden wollen, dann trainieren Sie auch so, als ob nächste Woche Leistungsprüfung wäre.
Sie verhalten sich also so, als ob Sie bereits eins mit Ihrem Ziel sind.

Am Anfang fühlt sich das noch ungewohnt an und die „Ich-habe-es-geschafft-Gedanken" sind Ihnen noch nicht so vertraut. (Siehe auch Denkgewohnheiten Schritt vier). Doch Sie werden Ihre Handlungen und Planungen immer stärker auf Ihr Ziel fokussieren. Sie treffen sich mit neuen Leuten, die Sie früher vielleicht gar nicht anzusprechen wagten. Sie schauen ganz bewusst bestimmte YouTube-Beiträge an.
Und dann kommt der große Moment: Sie werden befördert, Sie erhalten den angestrebten Qualifikations-Nachweis oder Sie werden für eine tolle Leistung ausgezeichnet. Und dann wird sich das für Sie absolut stimmig und fast normal anfühlen.
Und nach einiger Zeit werden Sie dann – ganz von alleine – ein neues Vision-Board erstellen wollen (Schritt sieben).
Vorsicht: Ihre Logik und Ihr rationales Denken lassen sich natürlich nicht so einfach abschalten. Und so werden Sie bei diesem Schritt immer wieder zweifeln. Ihr Verstand (und vielleicht auch Ihr Umfeld) wird Ihnen immer wieder sagen: „Aber du bist doch noch gar nicht Abteilungsleiter."
Ignorieren Sie diese Zweifel, so gut Sie können und verhalten Sie sich so, als ob Sie Ihr Ziel bereits erreicht haben!

Mehr Material und hilfreiche Links finden Sie auf www.richardobermaier.de

„Noch nicht ganz", sagt Michael und setzt sich wieder hin. „Du hast ja jetzt noch eine Menge zu tun. Und das würde ich dir gerne noch zeigen. Doch dann erledigst du das ganz allein, dazu brauchst du mich nicht."
„Und was steht noch in deinem schlauen kleinen Buch?", will Schorsch wissen.
„Schau selbst", sagt Michael und schiebt ihm das aufgeschlagene kleine Notizbuch rüber.

Und da steht untereinander: Wissen, Chancen, Risiken, Kraftfeld-Analyse, Byron Katie.

Und Michael erklärt: „Ich habe mit dir abgeklärt, ob dein Wunsch, dein Ziel ‚Gaststätte' auch trägt. Du hast selbst gesehen, dass du zu diesem Thema sehr viel *Wissen* hast. Du siehst die *Chancen* bei diesem Projekt und dir sind auch die erheblichen Risiken bewusst. Und diese Chancen und Risiken sowie einzelne Planungsschritte kannst du jetzt im Detail ausarbeiten – wenn du das wirklich willst.

Das heißt, wenn du mehr Klarheit über diesen Wunsch haben willst. Wichtig dabei ist, dass du die Chancen und Risiken und auch die einzelnen Schritte auf dem Weg zu deinem Ziel immer aufschreibst. Dabei ist es gar nicht wichtig, ob jetzt der einzelne Planungsschritt oder das einzelne Risiko wirklich so stimmt. Wichtig ist, dass du es aufschreibst. Im zweiten Schritt kannst du immer noch hergehen und deine Punkte bewerten im Sinne von, was ist wichtig und was nicht."

„Und was hat es mit der Kraftfeld-Analyse und Byron Katie auf sich?", will Schorsch wissen.

„Die Kraftfeld-Analyse" antwortet Michael, „das ist deine Aufgabe für die nächsten Stunden. Du hast zwei wichtige Fragen: Die erste Frage ist: Wer oder was kann mich auf meinem Weg unterstützen? und die zweite Frage ist: Was wird mich auf dem Weg behindern?

Also ziemlich einfach: Was treibt mich vorwärts zu meinem Ziel und was zieht mich runter? Das können banale Dinge sein, wie rechtliche Voraussetzungen oder Termine, Lieferzeiten. Das können aber auch Personen sein, die dich – und sei es nur moralisch – unterstützen. Es wird aber auch Personen geben, die versuchen, dich von deinem Ziel abzubringen. Versteh mich nicht falsch, Kritiker und Gegenargumente sind wichtig und du musst dich mit ihnen auseinandersetzen.

Wenn aber deine Entscheidung gefallen ist, dann solltest du dir die gleichen Gegenargumente und die gleichen Kritiker nicht immer wieder anhören. Sagen wir einfach, du stellst sie für eine bestimmte Zeit auf ganz geringe Lautstärke.
Und jetzt setz dich einfach hin und spiele unser Spiel alleine weiter. Du eröffnest eine Gaststätte – Räumlichkeiten und Finanzierung sind geklärt – und du planst jetzt einfach die weiteren Schritte."
„Habe ich verstanden", sagt Schorsch.
„Oder aber", fährt Michael fort, macht eine kurze Pause und schaut Schorsch dabei eindringlich an „dein Projekt, das du in den nächsten Stunden im Detail planst, heißt ganz anders.
Dein Projekt heißt: ‚mit Gaby auf die Sonnenalm'."

Kapitel V: Ist es wirklich die Sonnenalm?

„Michael, du schlauer Fuchs“, sagt Schorsch bewundernd. „Du wolltest mir das Vorgehen an einem Wunsch erklären, der vielleicht mit weniger Emotionen und mit weniger Erwartungsdruck verbunden ist als das Projekt Gaby.“

„Genau“, antwortet Michael. „Wesentliche Werkzeuge und die Struktur des Vorgehens lassen sich an weniger drängenden Projekten besser erklären. Aber es fehlen noch zwei wichtige Punkte, Bewertung und Byron Katie.

Das, was wir bisher gemacht haben ist klar. Du hast jetzt ein Projekt ‚Gaby Sonnenalm‘ und tust so, als ob du schon entschieden hast, es zu tun.

Und du schreibst alle möglichen Planungsschritte und wichtigen Punkte auf. Bitte schreibe auch die Fragen auf, also Punkte, die noch ungeklärt sind. Das heißt im ersten Schritt trägst du dein Wissen zusammen und du verschaffst dir einen Überblick. Hier geht es nicht um Vollständigkeit oder Genauigkeit und schon gar nicht um die Bewertung. Aber, es muss schriftlich sein.

Wenn dein grober Überblick einmal abgeschlossen ist, erst dann geht es in die Bewertung der Punkte. Übrigens kannst du deinen Überblick später gerne überarbeiten und ergänzen.

Jetzt geht es zum großen Schritt zwei: die Bewertung.

Du überlegst dir ganz kurz zu jedem Punkt, ob er positiv oder ob er negativ ist. Du kannst auch die ganz einfache Frage stellen: Freue ich mich darauf oder kommt eher ein Gefühl der Unsicherheit auf? Diese Bewertung kannst du sehr einfach mit einer Skala von null bis zehn machen. Null Punkte heißt: Unsicherheit, Angst, Risiko, fühlt sich *nicht* gut an. Zehn Punkte heißt: Geil, ich kann es kaum erwarten.

Wenn du dir bei einem Punkt unsicher bist, vor allem, wenn die Bewertung so in der Mitte liegt, also fünf oder sechs, dann hilft folgende Übung. Du schreibst diesen Punkt, diesen Begriff auf ein weißes Blatt Papier – gerne auch in die Mitte des Blattes. Und dann schreibst du spontan auf, was dir dazu einfällt. Anschließend lege das Blatt zu Seite und bearbeite andere Punkte.

Und nun zum ganz wichtigen Punkt Nummer drei: Byron Katie. Sie ist die geistige Mutter dieses Denkansatzes. Du gehst deine Punkte noch einmal durch und fragst dich: Ist das so? Stimmt das wirklich?
Was wäre, wenn das genaue Gegenteil stimmen würde?
Was wäre, wenn ich genau das Gegenteil darüber denken würde? Wie würde es sich dann anfühlen?
Also: Was wäre, wenn du es genau andersrum bewerten würdest? Aus einer positiven Bewertung wird eine negative und umgekehrt. Ein wichtiger, freundschaftlicher Rat: Nimm diese Übung sehr, sehr ernst und lass dir auch viel Zeit damit.
Ich gebe dir ein Beispiel: Du hast zum Beispiel aufgeschrieben ‚Einsamkeit' und hast zwei Punkte vergeben, das heißt bei diesem Punkt ist dir eher mulmig; du fürchtest dich etwas vor diesem Einsamkeitsgefühl.
Frage: Ist das wirklich so? Was wäre, wenn ich es genau anders bewerten würde? Also stelle ich mir für einen Moment vor, dass ich mich auf die Einsamkeit freue. Wie fühle ich mich, wenn ich diesen Punkt genau gegenteilig bewerte?
Du wirst feststellen, was für eine erhellende, aber auch anstrengende Übung das ist. Sie führt oft dazu, dass negative Bewertungen ihren Schrecken verlieren. Und sie führt auch oft dazu, dass man sich der eigenen positiven und negativen *Erwartungen* voll und ganz bewusst wird."

Bei den letzten Sätzen fängt diesmal Schorsch an, sich Notizen auf seinem kleinen Block zu machen.
„Also", sagt Michael, „ziemlich einfach: Erstens, du tust so, als ob du das Projekt mit voller Kraft angehst und du steigst in die Detailplanung ein. Zweitens, du bewertest deine Punkte von null bis zehn, das heißt von ganz negativ bis ganz positiv. Und drittens: Was wäre, wenn genau das Gegenteil zutreffen würde?"
Auch hier schreibt Schorsch eifrig mit.
„Aber jetzt", sagt Michael und steht auf. „Jetzt gehe ich wirklich. Wenn du noch was brauchst, dann schicke mir doch bitte eine WhatsApp. Und am Abend telefonieren wir noch einmal miteinander. Und dann schau ma' mal."
Bei diesen Worten zieht er seine Jacke an, eine kurze Umarmung und eine Minute später ist Michael auch schon wieder unten auf der Straße und geht zu seinem Auto.

Projektleiter Meyer-Edlich brütet seit drei Stunden über den Akten, die er von Schorsch Halderer bekommen hatte. Auf seinem Schreibblock steht bereits eine lange Liste von Fragen. Es ist sein Plan, diese Fragen am frühen Nachmittag mit dem ehemaligen Projektleiter durchzugehen.
Es klopft kurz; die Tür geht auf und sein Chef, Peter Huber, steht im Büro.
„Was soll das?" fragt er wütend. „Als ich Ihnen sagte, Sie sollen das Projekt von Herrn Halderer übernehmen, meinte ich nicht, dass Sie ihn total vergrätzen sollten. Sie sollen kooperativ mit ihm zusammenarbeiten. Und ich brauche diesen Mann auch noch für andere Aufgaben. Der ist seit Jahren im Unternehmen und kennt viele Leute und viele Details, die im Zweifel auch nirgends dokumentiert sind."

„Aber ich habe doch nur“, rechtfertigt sich Herr Meyer-Edlich. „Ach, ich habe doch nur“ äfft Peter Huber seinen Mitarbeiter nach, „Schorsch Halderer hat sich heute kurzfristig einen Tag frei genommen. Einen Tag nach dem Sie sein Projekt übernommen haben und da sehen Sie keinen Zusammenhang? Ich hoffe, dass er morgen wieder da ist. Und dann möchte ich, dass Sie auf Augenhöhe mit ihm zusammenarbeiten. Und damit meine ich nicht oberflächliches freundliches Grinsen, sondern Sie sollen *zusammen* dieses Projekt vorwärtsbringen. Meine Betonung liegt auf ‚zusammen‘.“

„Ich dachte, ich wäre der Projektleiter“, rechtfertigt sich Meyer-Edlich. „Das sind Sie auch“, entgegnet sein Chef, „Sie tragen die Verantwortung. Aber ohne den Schorsch Halderer werden Sie nicht wirklich schnell vorankommen. Betrachten Sie ihn doch als Senior-Berater in Ihrem neuen Projekt. Gut, das war’s von meiner Seite.“

Und genauso schnell wie er das Büro betreten hatte, verlässt Herr Huber es auch wieder.

Inzwischen hat sich Schorsch zu Hause in seiner geräumigen Küche einen frischen Kaffee geholt. Auf der neuen Seite des Flipcharts steht bereits „Gaby Sonnenalm“.

Darunter schreibt Schorsch „Info“ und auf ein weiteres Blatt kommen „Chancen und Risiken“.

Bei „Info“ legt Schorsch los und schreibt erst einmal alles auf, was er Gaby fragen will:

Angestellt? – Sozialversichert? – Gehalt? – Freie Tage? Internet? Bett? Kleidung? Tägliche Arbeitszeit? Tiere: Stall ausmisten? Kühe melken? Was wird aus der Milch?

Wie kalt? Wie warm? Am Tag? In der Nacht?

Auf das gleiche Blatt kommen aber auch andere Fragen: In der Arbeit kündigen? Sabbatical? Wohnung? u. a.

Auf das zweite Blatt mit „Chancen und Risiken“ schreibt Schorsch Punkte wie Natur, Freiheit, Sicherheit, Veränderung, gewohnte Umgebung, Nachdenken, Gastro- Erfahrung, Verdienst, Gewissheit bekommen, Freunde verlieren?, Kontakt halten, körperliche Erfahrung, Wohnung vermieten und vieles andere mehr.

Als Schorsch dann nichts mehr einfällt, was auf diese Liste soll, ruft er Gaby an. Natürlich steht er zum Telefonieren wieder auf.
„Servus Schorsch, das freut mich, dass du dich für die Alm entschieden hast“, lacht Gaby.
„Gemach, gemach, junge Frau. Vielleicht, Gaby, vielleicht komme ich mit auf die Alm.“
„Das freut mich riesig. Das klingt doch schon viel besser als bei unserem letzten Gespräch. Da hast du irgendwas erzählt von ‚sicheren Job nicht verlassen‘. Und was kann ich jetzt für dich tun?“
„Du kannst mir noch mehr über diesen Job erzählen. Was genau sind meine Aufgaben? Und ich habe natürlich auch einige sehr konkrete Fragen?“
„Dann fang doch mit den Fragen an.“
Und Gaby erklärt ihm, dass sie ihn sozialversicherungspflichtig anmelden könne. Er könne aber auch ein Gewerbe anmelden, ihr dann entsprechend Rechnungen stellen und dann müsste er sich selbst um seine Krankenversicherung und Rentenversicherung kümmern.
Auf die Frage nach der Arbeitszeit kam von Gaby ein entschiedenes: „Das kommt darauf an: an schönen Sommertagen zehn bis zwölf Stunden und an trüben Tagen oder an Regentagen zwei bis vier Stunden. Ich empfinde das nicht als Arbeit, es ist immer Abwechslung, ich bin oft unter Leuten und ich bin oft draußen.“

An einem Regentag frei zu nehmen, sei grundsätzlich kein Problem. Der Weg ins Tal zum nächsten Ort sei aber auch mit dem kleinen Allrader gut anderthalb Stunden. Handyempfang sei relativ schlecht, aber wenn man zehn Minuten von der Alm weggeht, hat man auch besseren Empfang. Deshalb solle Schorsch sich seine gesamte Lieblingsmusik herunterladen. Nachdem auch die anderen organisatorischen Fragen beantwortet waren, kam Schorsch zu den „Viechern“, wie Gaby immer sagt.
„Muss ich auch melken?“, fragt Schorsch etwas unsicher. Daraufhin fängt Gaby laut an zu lachen.
„Ja“, lacht Gaby weiter. „Und da kannst du auch richtig berühmt werden. Wenn es dir nämlich gelingt, von einem sechs Monate alten und damit nicht geschlechtsreifen Kalb Milch zu bekommen, dann wäre das eine echte Weltsensation. Eine Kuh gibt erst dann Milch, wenn sie das erste Mal gekalbt hat. Wir haben nur ganz junge Rindviecher und damit kein Melken, keine Herstellung von Käse und damit deutlich weniger Stress. Aber manchmal haben wir auch ziemlich alte Rindviecher auf der Alm. Die sitzen dann auf der Terrasse und mosern rum, weil ein guter, frischer Kaiserschmarrn einfach mehr als zehn Minuten braucht. Aber, ob junges vierbeiniges Rindvieh oder altes zweibeiniges Rindvieh, mit Geduld und Freundlichkeit hast du die Situation jederzeit im Griff.“
Schorsch ist sichtlich erleichtert. Die Geschichte mit dem Melken hatte ihn mehr beschäftigt, als er zugeben wollte.
„Du redest immer von deinen Viechern. Von wie vielen Viechern reden wir denn?“, will Schorsch wissen. „Das ist immer bis zum Schluss unsicher. Normalerweise kommen achtzig bis hundert Tiere.

„Du hast für deine Gastro-Jobs doch sicher eine Hygienebelehrung bekommen?“, wechselt Gaby bewußt das Thema. „Ich habe damals sogar die Gastwirt-Unterweisung der IHK gemacht. Das heißt ich habe die fachliche Eignung zur Führung eines Lokals. Das habe ich schwarz auf weiß“, sagt Schorsch stolz.
„Daran habe ich nie gezweifelt“, sagt Gaby anerkennend. „Die meiste Arbeit liegt natürlich in der Bewirtung der Gäste. In der Hochsaison, das heißt in den Ferien, an Wochenenden und im Juli und August haben wir eine zusätzliche Aushilfe. Und zu dritt werden wir dann den Laden schmeißen.“
„Immer langsam Gaby“, unterbricht Schorsch. „Ich habe noch nicht zugesagt.“
„*Noch* nicht“, wiederholt Gaby.
„Bis zum Freitag brauche ich dein endgültiges Okay.“
„Ich muss noch etwas darüber nachdenken. Jetzt weiß ich zumindest wesentlich mehr und ich weiß jetzt ungefähr, was mich auf der Alm erwartet.“
„Halt, halt“, antwortet Gaby, „bevor du dich jetzt verabschiedest, gebe ich dir gerne noch einmal den Satz mit, den ich von *dir* gelernt habe: Wenn man wirklich will, dann findet sich ein Weg.“
„Ja, ja, den hast du vorgestern auch schon gesagt.“
„Aber gerne doch lieber Schorsch“, gibt Gaby zurück.
„Rufst du mich an oder soll ich dich anrufen?“, fragt Gaby.
„Ich ruf an.“ sagt Schorsch mit entschlossener Stimme.

Die beiden verabschieden sich und Schorsch setzt sich erst einmal hin. Er denkt nach. Dann steht er gleich wieder auf. „Im Stehen und Gehen kann man besser denken“ war schon immer sein Motto.

Schritt 4: Gewohnheiten – speziell Denkgewohnheiten

Je nach wissenschaftlicher Quelle wird festgestellt, dass rund die Hälfte bis zu drei Viertel unserer Tätigkeiten, aber auch unserer Gedanken automatisch ablaufen. Das ist in der Evolution sehr sinnvoll, denn unser Hirn verbraucht rund 20 % unserer Energie. Wenn dieses wunderbare Organ nun immer unter Vollauslastung laufen würde, wäre der Energieverbrauch noch höher. Automatische Abläufe in unserem Hirn (gleiche Tätigkeit – gleiche Gedanken) reduzieren den Energieverbrauch im Hirn sehr deutlich. Außerdem geben uns gleiche Tätigkeiten und gleiche Gedanken auch ein Gefühl von Sicherheit und Wohlbefinden. Wenn Sie Ihre Kleidung immer in der gleichen Reihenfolge anziehen, dann wissen Sie, dass es am Ende auch stimmt. Und wenn Sie den Bericht für Ihren Chef immer im gleichen Format und ungefähr gleich lang abgeben, dann ist die Gefahr von unangenehmen Rückfragen deutlich geringer.

Wie heißt es so schön: Ihre Gewohnheiten, speziell Ihre Denkgewohnheiten, haben bewirkt, dass Sie beruflich und privat da sind, wo Sie jetzt sind. Warum sollten Sie dann die *gleichen* Gewohnheiten morgen plötzlich weiter oder woanders hinbringen?

Wenn Sie zum Beispiel der Meinung sind (es Ihre Denkgewohnheit ist), dass Fortbildungen sehr teuer und extrem anstrengend sind, dann werden Sie sich höchstwahrscheinlich nie nach neuen Lernmethoden oder nach Förderungsmöglichkeiten erkundigen.

Viele sehr aktive und auch beruflich sehr erfolgreiche Menschen folgen auch ihren Denk-Gewohnheiten.

Wenn zum Beispiel eine neue Technik oder ein verbessertes Verfahren auf den Markt kommt, sagen wir leichtere, leistungsfähige und preiswertere Elektromotoren, reagiert

Person A darauf mit Gedanken wie: Unsere Maschinen werden billiger und besser. Wie wird der Markt darauf reagieren? Wie werden unsere Konkurrenten die Preise anpassen? Person B hingegen fragt sich: Wenn es jetzt andere bessere Motoren gibt, welche anderen – völlig neuen – Anwendungsgebiete gibt es nun dafür? Welche Technik führte zu den Verbesserungen und lässt sich diese Technik auch auf andere Einsatzgebiete übertragen?

Es ist nun einmal charakteristisch für unsere Denkgewohnheiten, dass uns diese Gewohnheiten meistens nicht bewusst sind. Wenn Sie sich wirklich verbessern wollen, wenn Sie sich erfolgreich „selbst-coachen" wollen, dann müssen Sie sich bewusst machen, welche Denkgewohnheiten Sie haben.

Lassen Sie Ihr Hirn nicht unbeaufsichtigt; es macht sonst Dinge, die Sie nicht möchten!

Eine ganz einfache und extrem erfolgreiche Methode, wie Sie mehr über Ihre Denkgewohnheiten erfahren? Sie machen sich Notizen über Ihre Gedanken. Sie erfahren etwas Neues oder diskutieren mit Kollegen, Freunden über einen bestimmten Sachverhalt, dann schreiben Sie sich ein paar Stichworte auf, was Sie sich dabei gedacht haben und wie Sie auf Gegenargumente reagiert haben. Notieren Sie ruhig auch ein paar Gedanken zu wichtigen Personen in ihrem Umfeld. Also zum Beispiel A: Frau Müller ist sehr schlank und immer ausgesprochen sportlich und elegant gekleidet; die treibt sicher viel Sport und ist total fit. Oder B: Herr Lammer ist immer top informiert und hat seine Zahlen und Fakten auch sofort griffbereit; oft auch noch grafisch ansprechend aufbereitet. Wahrscheinlich arbeitet er immer bis spät in die Nacht, um sich auf die Meetings vorzubereiten.

Und schon nach wenigen Wochen erkennen Sie bestimmte Denkmuster. Es liegt nun rein an Ihnen, ob Sie dann sagen:

super, alles in Ordnung. Oder, ob Sie vielleicht diese Denkmuster radikal ändern wollen. Beim Selbst-Coaching geht es erst einmal darum, diese Muster bei sich selbst zu erkennen. Sie wollen sich geistig, beruflich oder privat weiterentwickeln, das heißt besser werden! Dann machen Sie sich folgende Denk-Übung zur Gewohnheit. Aber Vorsicht, diese Übung kann viel verändern. Vielleicht wollen Sie das ja gar nicht!
Sie haben also für eine bestimmte Zeit Gedanken zu Sachverhalten und Personen aufgeschrieben und erkennen vielleicht erste Muster. Und nun stellen Sie diese Annahmen, diese Denk-Muster völlig auf den Kopf. Sie kehren ihre bisherigen Gedanken ins Gegenteil.
Unser Beispiel A von oben: Frau Müller treibt überhaupt keinen Sport und leidet an Bulimie (Ess-Brech-Sucht) und durch ihre sportliche und elegante Kleidung versucht sie ihre extreme Unsicherheit und Schüchternheit etwas zu überspielen. Frau Müller ist so extrem unsportlich, dass sie bereits bei zwei Stockwerken Treppe völlig außer Atem gerät.
Und unser Beispiel B: Herr Lammer arbeitet am Abend nie und auch sonst ist er eher faul. Herr Lammer hat sich von einem Praktikanten ein paar gute automatische Such-Abfragen in einigen Datenbanken anlegen lassen. Und der Praktikant hat ihm auch noch die automatische Umsetzung in ein paar ansprechende Grafiken eingerichtet. Herr Lammer muss also nur sehr wenig tun, um seine Informationen zu bekommen und sie dann auch noch aufzubereiten. Herr Lammer ist die perfekte Umsetzung von Don’t work harder, work smarter!
Dieses Infrage-Stellen und Umkehren von Gedanken und Annahmen werden Ihre Denkgewohnheiten verändern. Fangen Sie klein an. Schreiben Sie Gedanken-Stichpunkte zu einem Sachverhalt und zu einer Person auf. Und dann kehren Sie diese Gedanken um.

Noch ein ganz wichtiger Tipp: Passen Sie auf, was Sie in Ihr Hirn reinlassen!

Wie in der IT gilt auch hier das GIGO-Prinzip: [Garbage = Müll]:

Garbage **IN** = **G**arbage **O**UT. Wenn Sie sich mit negativen Informationen füttern, dann verändert das mit der Zeit auch Ihr Denken. Sie lesen viel darüber, wie schwierig und herausfordernd eine berufsbegleitende Qualifikation ist und dass die Anforderungen für Führungskräfte stark gestiegen sind? Dann werden Sie sich vielleicht auch entsprechend äußern und sind allmählich der Meinung, dass Sie für den nächsten Karriereschritt nicht ausreichend qualifiziert sind.
Wenn Sie aber (wir drehen das Ganze um) Berichte über erfolgreiche Menschen lesen, dann wird das auch Ihr eigenes Denken beeinflussen. Sie lesen über Menschen, die berufsbegleitend ein Studium oder eine ambitionierte Fortbildung absolviert haben, dann kommen Sie vielleicht auf die gleiche Idee und werden aktiv.
Denken Sie an den Spruch von Henry Ford: „Ganz gleich, ob Sie denken, Sie können es, oder ob sie denken, Sie können es nicht, Sie werden Recht behalten."
Gewohnheit heißt, Dinge und Gedanken so oft zu wiederholen, bis sie automatisch ablaufen. Machen Sie das nicht nur mit Tätigkeiten, sondern auch mit Gedanken.

Vielleicht gefällt Ihnen auch einer meiner Lieblingssprüche: „Motivation gets you started – habit keeps you going."

Auch zum Thema Gewohnheiten finden Sie unterstützende Bonusmaterial auf meiner Website: www.richardobermaier.de

Kapitel VI: Die schwere Entscheidung

Jetzt hat Schorsch zwar mehr Informationen, aber er ist noch weit weg von einer sicheren Entscheidung. Gibt es so etwas wie eine sichere Entscheidung überhaupt? Wenn alles so klar und eindeutig ist, dass jeder Depp weiß, was zu tun ist, ist das dann noch eine Entscheidung?

Entscheidung hat wohl immer etwas mit Unsicherheit und damit mit Zweifel zu tun. Die Freiheit der Entscheidung heißt ja wohl auch, dass man sich falsch entscheiden kann.

Sein Magen sagte ihm schon vor dem Telefonat mit Gaby, dass es Zeit wäre, etwas zu essen.

Schorsch überlegt kurz, was er jetzt essen könnte. Das hätte er sich auch sparen können, denn seine Wahl fällt wieder einmal auf den Dönermann seines Vertrauens, sprich den Dönerstand unten am Eck.

„Gute Idee, Schorsch", lobt er sich selbst. „Salat und Tomate, heute tust du wieder viel für deine gesunde Ernährung", führt er sein Selbstgespräch fort. Er überlegt noch kurz, dass es auf der Alm ja keinen Dönermann gibt und entscheidet sich dann wieder für „Döner mit allem – auch mit scharf".

Nach Döner und ausgiebigem Verdauungsspaziergang ist Schorsch wieder zurück in seiner Wohnung. Er plant nun in die Bewertung der einzelnen Punkte einzusteigen. Genauso, wie ihm das sein Freund Michael empfohlen hat.

Doch aus einer Laune und Eingebung heraus, geht er zuerst auf Immoscout und schaut, welche bestehenden Gaststätten oder auch komplett neuen Lokale in nächster Zeit vermietet werden.

Und Schorsch geht auch noch auf die Pachtbörse einer großen Münchner Brauerei und „schaut einfach mal", wie er das nennt.

Und er schaut nicht nur, sondern speichert auch noch drei Gaststätten in seiner Merkliste.

Erst dann macht er sich an seine lange Liste vom Vortag. Wie von Michael aufgetragen, bekommt jeder Punkt eine Bewertung von null bis zehn. Die Natur bekommt eine neun, Freiheit neun, Sicherheit sieben, usw. Beim Punkt „Veränderung“ und beim Punkt „Freunde verlieren“ muss Schorsch länger überlegen. Veränderung bekommt dann eine fünf und Freunde verlieren eine zwei.

Und dann macht Schorsch die für ihn sehr ungewohnte Übung und fragt bei jedem Punkt: Ist das wirklich so? Und: „Was wäre, wenn das genaue Gegenteil richtig wäre? Und wie fühlt sich eine total gegenteilige Bewertung an?“
Er fängt mit dem Punkt Natur an. Neun bedeutet, das ist super; Schorsch liebt die Natur und er ist gerne im Freien. Und was wäre nun, fragt er sich, wenn er Natur mit null oder mit eins bewerten würde?
Was wäre, wenn er genervt wäre von den Mücken, von vielleicht drei Tage Dauerregen und von kalten Nächten? Wie fühlt sich das an, wenn er Natur, im Freien sein, negativ bewerten würde?
Eine komische Übung, denkt sich Schorsch, aber auch sehr hilfreich. Und ihm wird klar, dass er die Natur mit allen Erscheinungen liebt. Ich gehe am Berg ja auch weiter, wenn es regnet oder sehr windig wird. Also bleibt es bei neun Punkten für die Natur. Und Schorsch weiß jetzt, dass diese Neun für ihn absolut richtig ist, sich richtig anfühlt.
Dann geht es zum Punkt Veränderung. Fünf Punkte, denkt sich Schorsch. Das ist nicht Fisch und nicht Fleisch. Das ist doch weder gut noch schlecht.
Also nimmt er ein neues Blatt Papier und schreibt in die Mitte „Veränderung“. „Okay, und was fällt mir dazu ein?“

Und spontan schreibt er Begriffe auf, wie Musik, Wohnzimmer, Opa, Auto, Frauen und auch Michaels Kapitel-Einleitung aus seinem Buch, er notiert dazu „gewaltsame Veränderung von außen“.
Opa schreibt er auf, weil ihm sofort der Spruch seines Opas einfällt: „Ich weiß nicht sicher, ob es besser wird, wenn wir etwas verändern. Aber ich weiß sicher, dass sich nichts verbessern wird, wenn wir nichts verändern.“ Und Schorsch schreibt „Opa: Verbesserung braucht Veränderung.“
Beim Punkt Musik wird im klar, wie sehr sich sein Musikgeschmack inzwischen verändert hat. Früher hat er nur Rock und die alten Rock ’n’ Roller gehört. Und jetzt hört er Verdi und Puccini manchmal genauso gerne wie Status Quo und AC/DC.
Und er überlegt, wie stark sich sein Freundeskreis in den letzten zwanzig Jahren verändert hat. Manche Freunde haben sich komplett verändert und sind immer noch seine Freunde. Es gibt aber auch Menschen, mit denen er inzwischen nichts mehr gemeinsam hat. Dafür sind neue, liebe Menschen hinzugekommen.
„Also, Michael“, sagt Schorsch halblaut. „Ich stimme dir zu, es kommt darauf an, wie wir auf Veränderung reagieren.“
Und Schorsch ändert die Bewertung für den Punkt Veränderung von fünf auf neun. „Ja, Veränderung ist gut, es ist nur die Frage, wie ich darauf reagiere“, sagt er noch einmal zu sich selbst – so, als ob er es noch nicht so ganz glauben will.
Nachdem Schorsch auch feststellen muss, dass Sicherheit für ihn doch keinen so hohen Stellenwert hat, schreibt er Sonnenalm auf ein Blatt. Er betrachtet das Wort und dann macht er ganz spontan einen ganz großen Haken dahinter und ruft laut „JA!“
„Okay“, sagt er halblaut, „ich mach’s.“

Mit Spaziergang, Bewertung und immer wieder hinterfragen ist der Nachmittag sehr schnell vergangen. Schorsch beschließt, seine Entscheidung zuerst Michael mitzuteilen.
Michael geht sofort ans Telefon und sagt „Gutes Timing, Schorsch. Ich komme gerade aus meinem Workshop."
„Workshop zu welchem Thema?", fragt Schorsch sofort.
„Selbst-Motivation und Veränderung", antwortet Michael. Du weißt doch, ich kann fast nichts anderes" und lacht.
„Doch die zwei Themen, mache ich – glaube ich – recht gut. Sagen zumindest meine Kunden", fügt er scherzhaft hinzu.

„Also, Schorsch was gibt's?"
„Ich mach's, ich geh auf die Alm!
Deine Werkzeuge, wie du sie nennst, waren ziemlich anstrengend. Zuerst die Liste, die wahrscheinlich nie vollständig ist, dann die Bewertung und – sehr ungewohnt für mich- dieses ‚Ist das wirklich wahr?' Ich muss mit Respekt anerkennen, das hat mich wirklich weitergebracht."
„Es freut mich", sagt Michael, „dass du für dich eine Entscheidung getroffen hast. Wie fühlt sich deine Entscheidung jetzt an?"
„Was? Du fragst nicht nach dem Warum und Wieso?", will Schorsch wissen.
„Nein", entgegnet Michael. „Die Gründe und Argumentationen kommen oft von außen. Wenn ich höre, wie sich eine Entscheidung anfühlt, dann kann ich eher beurteilen, ob derjenige wirklich dahintersteht. Also, wie fühlt es sich an?"
„Es fühlt sich sehr gut an", antwortet Schorsch mit fester Stimme. „Es ist noch etwas Unsicherheit dabei, aber auch Befreiung und Freude. Ja, es ist jetzt richtige Vorfreude auf die Sonnenalm da."
„Ja, dann kann ich dir nur gratulieren." Michael macht eine kurze Pause.

„Und ich muss dich warnen.“ Und dabei fällt er in eine gespielt düstere Stimme. „Der Gott des Zweifels wird dich heimsuchen und wird an dir rütteln und dich prüfen. Sei auf ihn vorbereitet!“
„Ja, großer Meister“, antwortet Schorsch in einem leicht unterwürfigen Ton. „Ich werde ihn erwarten.“
Die beiden albern noch etwas rum und lachen zusammen, dann verabschieden sie sich.
Anschließend ruft Schorsch noch Gaby an. Die lässt am Telefon einen lauten Freudenschrei los. „Suuuper! Das freut mich riesig!“
Die zwei vereinbaren, am nächsten Montag in Ruhe zu telefonieren, um organisatorische Dinge zu besprechen. Gaby wünscht Schorsch noch alles Gute und viel Ruhe und Kraft für das Gespräch beim Chef.

Am nächsten Tag im Büro geht er als Erstes zu seinem Chef. Natürlich wacht am Eingang zur Höhle des Chefs der böse Drache Claudia Burkhart. Eine Chefsekretärin wie aus dem Bilderbuch: modisches Business-Kostüm in Pastellfarben, blondierte, schulterlange Haare und dann diese roten High Heels, für die man eigentlich einen Waffenschein braucht. Natürlich war sie immer vorbildlich geschminkt, nicht zu vergessen die auffällig rot lackierten Fingernägel.
Für die meisten im Unternehmen ist sie der böse Drache, der den Chef bewacht; nicht aber für Schorsch. Schorsch hat fast zur gleichen Zeit im Unternehmen angefangen wie Claudia und sie kennen und schätzen sich seit sehr langer Zeit.
„Ja, der Chef ist da“, lächelt sie ihn an. „Und der nächste Termin ist erst in einer Stunde – ich schau mal, ob du rein kannst.“
„Der kommt ja wie gerufen“, sagt Peter Huber so laut, dass es auch Schorsch hören soll.

Im Büro erkundigt sich dann sein Chef, ob es ihm wieder besser gehe, und wie er sich so fühle.
Und in einem Ausbruch von Euphorie und Enthusiasmus bricht die volle Ekstase eines Oberbayern bei Schorsch durch. Es kommt ein ruhiges, fast schon gelangweiltes „Ja, ja, passt schon." So einen Gefühlsausbruch hätte sich Schorsch selbst gar nicht zugetraut.

Und sein Chef legt sofort los. „Ich verstehe ja, Herr Halderer, dass die Übertragung des Projektes Minerva sich für Sie wie eine Zurückstufung anfühlen muss. Aber das ist es nicht. Betrachten Sie Herrn Meyer-Edlich als Unterstützungs-Motor, als Turbo-Booster für das Projekt."
„Der Hilfsmotor sitzt aber am Steuer", sagt Schorsch trocken.
„Sie müssen das ganz locker sehen", fährt sein Chef fort. „Aber *Sie* wollten auch etwas von mir. Um was geht es?"
„Ich möchte weg von Bemwer; entweder ganz oder für vier bis fünf Monate", sagt Schorsch kurz und bündig. Diplomatie und damit vielleicht ein paar einleitende oder erklärende Sätze sind nichts für Schorsch. Er will dem Chef etwas mitteilen und das hat er jetzt getan.

„Langsam, langsam, Herr Halderer" und bei diesen Worten geht er zur Tür, um sicherzustellen, dass die Tür auch ganz geschlossen ist. „Wir kennen uns jetzt seit fast zwanzig Jahren. Sie wissen, ich gehe in knapp drei Jahren in Rente. Und ich möchte meinen Laden in einem guten Zustand zurücklassen. Ich weiß auch, dass das Umfeld härter geworden ist. Auch andere Firmen bauen gute Anlagen. Und auch andere Firmen arbeiten fieberhaft an der stärkeren Digitalisierung ihrer Abläufe und ihrer Produktion.

Das Projekt Minerva lief zu langsam. Vielen im Unternehmen ist nicht klar, wie wichtig dieses Projekt ist. Und ich möchte Sie auch weiterhin in diesem Projekt dabei haben. Mein Plan ist, auch im Unternehmen offiziell zu kommunizieren, dass Sie der Senior-Berater in diesem Projekt sind. Lassen Sie den Meyer-Edlich die Detailarbeit machen, lassen Sie ihn die Technik perfektionieren.
Sie können dem Projekt sehr viel mehr helfen, wenn Sie Ihre Beziehungen zu anderen Abteilungen einbringen. Sie können sehr viel für die Akzeptanz des Projektes tun. Sie sind nun befreit von den Sitzungsvorbereitungen, von den technischen Details und anderen zeitaufwändigen Dingen. Sie könnten jetzt vielmehr grundsätzliche Überlegungen anstellen und uns erzählen, wen wir noch ins Boot holen müssen und wo sich vielleicht Schwierigkeiten auf dem weiteren Weg ergeben könnten.
Ich nenne das immer Kraftfeld-Analyse. Das heißt, schauen, wer das Projekt unterstützen könnte, aber auch schauen, welche Hindernisse sich noch einstellen könnten. Einfach grundsätzlich die eigenen Annahmen und Parameter hinterfragen."
Für einen Moment denkt Schorsch, er hat sich verhört.
„Wie nennen Sie das bitte?"
„Kraftfeld-Analyse", wiederholt sein Chef.

„Um es klar und deutlich zu sagen, Herr Halderer, ich möchte *nicht*, dass Sie gehen. Sie haben gesagt, ‚oder für vier bis fünf Monate'. Darunter verstehe ich eine klassische Auszeit, ein sogenanntes Sabbatical. Darüber könnten wir reden. Ab wann wollten Sie denn ihre Auszeit nehmen?"
„Ich wollte in circa fünf Wochen weg sein."

„In fünf Wochen?“, wiederholt Herr Huber mit einem schockierten Gesichtsausdruck. „Das ist nicht gut“, murmelt er halblaut. „Ich liebe klare Aussagen“, sagt Peter Huber wieder deutlich und in normaler Lautstärke. „Sie haben klar gesagt, was Sie wollen. Und ich habe auch klar gesagt, dass ich Sie weiterhin dabei haben will. Und jetzt hat jeder Zeit zu überlegen, wie wir das Ganze zusammenbringen können. Daher meine klare Bitte: Überlegen Sie, wie Sie das Projekt – weg vom täglichen Kleinkram und weg von langatmigen Meetings – unterstützen könnten. Und: Könnten Sie bitte bei Meyer-Edlich vorbeischauen. Ich glaube, er hat bereits eine ganze Liste von Fragen an Sie.
In der Zwischenzeit werde ich mich schlau machen, wie wir ein Sabbatical organisieren können und dann können wir uns ja am späteren Nachmittag noch einmal kurz zusammensetzen.“

Schorsch verabschiedet sich und verlässt das Büro des Chefs.
Schorsch hat die Türklinke noch in der Hand, als ihn Claudia anspricht: „Schorsch, wir haben schon ewig lang kein Bier mehr zusammen getrunken. Was machst du morgen Abend?“
Schorsch ist komplett perplex. „Ah, bis jetzt no nix.“
„Gut“, entgegnet Claudia, dann sagen wir um halb sieben am Marienplatz an der Säule.“
„Äh, ja, warum nicht.“ Und ganz in Gedanken geht er drei Meter in Richtung Gang. Dann dreht er sich um und fragt: „Hast du dich mit deinem Chef abgesprochen?“
„Ha? Schorsch, was meinst du? Ich frage doch den Huber nicht, wenn ich mit mich mit dir treffen will. Warum fragst du?“
„Nix, gar nix, vergiss es. Morgen um halb sieben an der Säule.“
Und schon war Schorsch weg.

Zurück im Büro muss Schorsch erst einmal lange nachdenken. War das jetzt wirklich wahr? Vorgestern nimmt man ihm das Projekt weg und er überlegt, ob er sich von der Brücke stürzen soll? – Oder ob er zumindest das Unternehmen verlassen soll? Und heute? Sein Chef sagt ihm klipp und klar, dass er nicht gehen soll. Und diese schnuckelige Claudia – die wohl hübscheste vierzigjährige Frau, die Schorsch kennt – lädt ihn zu einem Date ein.
„Senior-Berater", denkt sich Schorsch, „klingt gar nicht schlecht. Jetzt gehe ich erst einmal zum Doppelnamen-Akademiker-Depp und schau was der von mir will."

Meyer-Edlich erkundigt sich auch sofort nach seinem Gesundheitszustand. Auch hier kann Schorsch sein aufbrausendes Wesen, seinen Enthusiasmus und seine Leidenschaft kaum verbergen.
Wie aus einem Vulkan bricht es aus ihm heraus: „Ja, passt scho. Was gibt's?"

Sie gehen durch Protokolle und Teile des zukünftigen Pflichtenheftes. Meyer-Edlich stellt einige technische Fragen, will aber auch bei drei Mitarbeitern wissen, wer das ist und was die so machen.
Für einen aufgeblasenen Projekt-Fuzzi woast du fei ganz sche wenig, denkt sich Schorsch.Und wer d'Leit net kennt, is bei so am Projekt aufgschmissn, sinniert er weiter.
Für den Moment bekommt Meyer-Edlich immer nur die Kurzversion von Schorsch. Er sagt auch nicht, dass er die drei nachgefragten Mitarbeiter sehr gut kennt und mit allen dreien per Du ist. Und ein Feierabendbier hat er auch schon mit allen dreien getrunken. Dass erzählt er natürlich dem Meyer-Edlich nicht und bietet auch nicht an, einen Kontakt herzustellen.

Nach fast zwei Stunden hat Meyer-Edlich keine weiteren Fragen mehr. Oder er traut sich keine weiteren Fragen mehr zu stellen.
Während des ganzen Gespräches ist Meyer-Edlich ausnehmend höflich, bietet sogar an, einen Kaffee zu holen. Schorsch ist zwar anfangs etwas abweisend, doch dann ist es fast schon ein normales Fachgespräch.
„Gut“, sagt Schorsch, „dann sind wir erst mal durch“ und steht auf.

Meyer-Edlich bedankt sich überschwänglich und fragt noch: „Darf ich Sie in den nächsten Tagen öfter mal aufsuchen um weitere Projektpunkte mit Ihnen zu besprechen? Herr Huber sagte mir bereits, Sie seien in dem Projekt ja weiter hin als Berater aktiv.“
„Senior-Berater“, sagt Schorsch deutlich.
Und er merkt im gleichen Moment, wie affig und arrogant das wirken muss.
Dann besinnt er sich einen Moment.
„Wissen Sie, Herr Meyer-Edlich, es hat mich schon gekränkt, dass man mir die Projektleitung entzogen hat. Auf der anderen Seite ist das ein äußerst wichtiges Projekt für unsere Firma und auch immer noch ‚mein Baby‘. Ich will, dass das Projekt und damit auch Sie erfolgreich sind. Sie wirken auf mich immer wie der Oberstreber in der Schule, weiß alles besser und sitzt beim Chef auf dem Schoß – bildlich gesprochen.
Außerdem sprechen Sie immer sehr gewählt Hochdeutsch mit vielen Fremdwörtern. Das wirkt auf mich etwas hochnäsig. Ich glaube aber, dass wir trotz der Unterschiede gut zusammenarbeiten können. Ich werde mein Bestes dazu beitragen. Dann bis später oder bis morgen.“

Er dreht sich um und geht zur Tür. Meyer-Edlich ist völlig verdutzt. Er bringt noch ein „vielen Dank“ heraus und dann ist Schorsch auch schon weg.
Im Gang bleibt Schorsch nach ein paar Metern stehen. Er schnauft tief durch. „Wow! Das hat gutgetan“, sagt er halblaut zu sich selbst. „Jetzt habe ich das einmal gesagt und jetzt geht’s mir besser“, führt er sein Selbstgespräch weiter. Er macht noch einmal einen tiefen Atemzug und geht weiter.

Zurück im Büro ruft er sofort Dr. Schneider an; für ihn natürlich der Arnold. Der Schneider ist einer der drei Leute, die der Meyer-Edlich nur vom Namen mal gehört hatte. Schorsch verabredet sich mit Dr. Schneider zum Mittagessen.
Beim Essen wird über Bergwandern, Skifahren und Segeln gesprochen. Die beiden reden dann auch über das Projekt und dabei erfährt Dr. Schneider, dass Schorsch nicht mehr Projektleiter ist.
„Respekt, Schorsch“, sagt Dr. Schneider „wie ruhig und abgeklärt du das nimmst. So macht es zumindest für mich den Eindruck. Das zeigt eine reife Persönlichkeit. Die meisten anderen in einer ähnlichen Situation schmollen erst einmal für ein paar Tage.“
So hatte das Schorsch noch gar nie gesehen.
„Danke“, sagt er spontan.
„Ich glaube“, fährt Dr. Schneider fort, „dass du als Unterstützer im Hintergrund, auch als Türöffner, weiterhin viel für das Projekt tun kannst.“
„Das sieht der Huber auch so“, bestätigt Schorsch.

Zurück im Büro schreibt Schorsch auf, wer die Meinungsführer bei diesem Projekt sind. Und dann vermerkt er auch, wer die größten Stänkerer und Verhinderer bei diesem Projekt sind.

Schorsch überlegt, wen er als Erstes ansprechen sollte und wie man die einzelnen Leute zu mehr Engagement bewegen könnte. Schorsch ist völlig in Gedanken vertieft und erschrickt deshalb etwas, als plötzlich die Tür aufgeht und sein Chef in seinem Büro steht.

„Schaut schlecht aus", legt er sofort los. „Ein Sabbatical oder eine befristete Freistellung will die Personalabteilung aus grundsätzlichen Erwägungen nicht genehmigen. Frau Burkhardt hat mit der Personalabteilung gesprochen und die haben sofort abgewunken. Was sind wir für ein verkrusteter alter Bürokratenladen geworden!", sprudelt es weiter aus ihm raus.

„Ich wollte Ihnen das erst mal sagen. Aber ich werde das nicht akzeptieren. Wir werden es doch wohl in diesem Riesenladen schaffen, einmal etwas flexibler zu sein. Ich glaube, ich muss da mal eine Stufe höher gehen. Wenn unsere Bereichsleitung mit der Personalchefin spricht, dann hat das vielleicht eine andere Wirkung." Und mit seinem berühmten „Gut, dann bis später" zieht er sichtlich erregt wieder ab.

Scheiße, denkt sich Schorsch. Das heißt wohl, dass ich kündigen muss. Was mache ich dann im Herbst, nach der Alm? So jung bin ich auch nicht mehr.

Er überlegt eine ganze Weile hin und her und spielt mit dem Gedanken, bei Gaby seine Entscheidung zu widerrufen. Aber dabei ist ihm auch nicht ganz wohl. Und so entscheidet er sich, seinen Freund Michael noch mal anzufunken.

Michael beantwortet die WhatsApp sehr schnell: „Ich kann jetzt nicht, ruf dich später zurück." Guter Michael, denkt sich Schorsch, was ist später? Und wie ein Tiger in seinem Käfig, geht er in seinem kleinen Büro auf und ab.

Senior-Berater ist ja auch nicht schlecht und vielleicht ergibt sich im Laufe des Projektes ja eine neue größere Aufgabe für mich. Und der Huber will mich ja behalten. Solche Gedanken spielt Schorsch immer wieder durch und wartet auf den Anruf. Und „später“ ist in diesem Fall wirklich nur zwanzig Minuten später. Schorsch schildert Michael die Situation und sagt ihm auch, dass er überlegt, das Ganze abzublasen und weiter bei Bemwer zu bleiben.
Und in seiner gespielt düsteren Stimme antwortet Michael: „Ich habe dir gesagt, dass der Gott des Zweifels über dich kommen wird.“ Und mit normaler Stimme redet er weiter: „Ja und jetzt ist er da, der Gott des Zweifels. Und du bist halt noch nicht richtig vorbereitet. Ich nehme an, dass du die Kraftfeld-Analyse noch nicht ausführlich gemacht hast. Du erinnerst dich: Wer oder was könnte mich bremsen? Und: Wer oder was könnte mich unterstützen? Du kannst das auch Worst-Case- und Best-Case-Betrachtungen nennen. Also gibt’s nur eins: nachrüsten! Übrigens: Der Zweifel kommt immer und immer wieder zurück.
Du gehst jetzt her und schreibst genau auf: Wer oder was kann mich unterstützen? Und: Wer oder was kann mich bremsen?
Den ersten Punkt hast du ja schon: Sabbatical klappt nicht. Als weitere Worst-Case-Punkte könnte ich mir vorstellen: Gaby zahlt zu wenig, du verletzt dich, schwerer Krankheitsfall in der Familie und du willst nicht mehr weg, und, und, und. Überlege ein bisschen und dir werden viele Punkte einfallen.
Und das Gleiche machst du natürlich im positiven Sinn: Wer könnte dich unterstützen, welche ‚glücklichen Zufälle‘ könnten sich positiv auf dein Vorhaben auswirken? Schreib alles auf, was dir einfällt; ohne große Bewertung.“
„Hey, Michael, ich weiß nicht, wann ich das letzte Mal so viel handschriftlich zu Papier gebracht habe, wie in den letzten zwei Tagen. Und jetzt geht das noch weiter.“

„Das glaube ich dir gerne“, erwidert Michael, „aber genau darum geht es: nicht lange überlegen, sondern einfach schreiben und schreiben. Wenn du willst, kannst du das natürlich in deinen Laptop klopfen oder auch mit Spracherkennung diktieren. Jetzt geht es darum, möglichst beim Schreiben nicht unterbrochen zu werden.“
„Okay, verstanden“, sagt Schorsch.
„Und wenn du zwei schöne lange Listen hast, dann lass uns telefonieren. Ich bin schon wieder auf dem Sprung, aber zwischen 18:00 und 19:00 Uhr bin ich im Auto unterwegs zu einem Kundentermin und da können wir dann in Ruhe telefonieren.“
„So mach ma’s“ antwortet Schorsch. „Danke und bis später.“

Da Schorsch gerade keine dringenden Aufgaben hat, beginnt er noch im Büro seine Kraftfeld-Analyse. Und er setzt sich hin und schreibt und schreibt und schreibt. Als ihm nichts mehr einfällt, macht er sich auf den Nachhauseweg. Zuhause angekommen fallen ihm noch mal ein paar Punkte ein und er ist mit der Anzahl seiner Punkte ganz zufrieden.

Kurz nach sechs ruft auch Michael wie vereinbart an.
„Danke, Michael. Willst du jetzt die ganzen Punkte mit mir durchgehen?“
„Nein, Gott bewahre, das machen wir jetzt nicht. Hast du etwas zum Schreiben parat?
„Ja, liegt direkt vor mir.“
„Dann schreib jetzt bitte auf, warum du auf die Alm gehst. Schau dazu bitte nicht erst auf das Flipchart, sondern schreibe einfach auf, was für dich die Argumente *für* die Alm sind. Und während du es aufschreibst, lies es mir bitte bei jedem Wort laut vor. Du kannst dazwischen Pause machen, schalt auf Lautsprecher und leg das Telefon daneben hin.“

Und Schorsch legt los: „Natur, Freiheit, Veränderung, Gastro-Erfahrung, Gewissheit bekommen, jetzt oder nie, körperliche Erfahrung."

Als bei Schorsch die Aufzählung stockt, sagt Michael: „Gut, lass die Liste erst mal so wie sie ist.

Schorsch, du hast ein Ziel, du hast eine Entscheidung getroffen. Und wenn die Verunsicherung kommt, musst du immer wissen, WARUM du diese Entscheidung getroffen hast, warum du dieses Ziel verfolgst. Du musst dein Warum griffbereit haben – geistig gesehen. Das Ziel ‚Sonnenalm' ist zu diffus und man kann sich nur ganz vage etwas darunter vorstellen. Das Ziel Natur oder körperliche Erfahrung oder Gewissheit bekommen ist schon etwas besser.

Die absolute Königsdisziplin ist, wenn du es dir zur Gewohnheit machst, immer nach dem Warum zu fragen. Ich gebe dir ein Beispiel: ‚Ich gehe joggen, weil ich mich bewegen will' ist für mich Quatsch, das ist nicht mein Warum. Ich gehe joggen, weil ich schlank sein will, weil ich attraktiv für Frauen bleiben will. Und wenn ich mein Warum kenne, dann hält mich auch nichts zurück und dann kann mich auch nichts ablenken. Also, Schorsch du musst dein Warum für die Sonnenalm kennen und immer parat haben."

Die beiden reden dann noch sehr ausführlich über gemeinsame Freunde, über eine Alpenüberquerung und immer wieder über das Warum hinter den Zielen. Nach einem langen Telefonat verabschieden sich die beiden und Schorsch geht dann auch bald ins Bett.

Schorsch steht vor einem Lokal. Von außen wirkt alles sehr neu; auf der Terrasse stehen neue Tische und neue Stühle. Über der Eingangstür steht ein großes Schild „Neueröffnung". Voller Stolz geht Schorsch in das Lokal hinein.

Auch innen neue Möbel und alles frisch gestrichen. Alles wirkt sehr gediegen und trotzdem gemütlich und einladend.
Ein Mann in Kochmütze kommt auf ihn zu und sagt: „Guten Morgen, Chef!“ Und dann kommt eine junge Frau auf ihn zu, ganz offensichtlich die Bedienung und sagt: „Guten Morgen, Schorsch!.“ Es fühlt sich alles sehr, sehr gut an.
Dann geht die Tür auf und circa zehn Gäste betreten das Lokal und setzen sich an die Tische. Und dann kommen wieder Gäste und dann noch einmal und innerhalb kurzer Zeit ist das Lokal voll.
Schorsch begrüßt die Gäste und geht dann hinter die Theke.
Da kommen der Koch und die Bedienung wieder auf ihn zu. Der Koch sagt: „Chef, wir haben kein Fleisch“ und dann sagt die Bedienung sofort: „Und wir haben kein Bier.“
„Neeiin“, ruft Schorsch ganz laut. Und wieder. “Nein, nein, nein!“
Und dann wacht er auf.

Schorsch schnauft ein paar Mal tief durch. Ich will doch auf die ALM gehen und kein Lokal eröffnen denkt er sich noch und notiert sich wieder ein paar kleine Stichpunkte auf den Schreibblock neben seinem Bett.

Am nächsten Morgen steht Schorsch voller Elan auf. Schau ma’ mal, wird schon werden! Und am Abend ist ja noch mein Date mit Claudia, denkt er sich. Aus einer spontanen Idee heraus, frühstückt er nicht zu Hause mit immer den gleichen Sachen. Er geht ohne Frühstück aus dem Haus und macht sogar einen kleinen Umweg zu einem richtigen Handwerksbäcker und genießt dort einen großen Cappuccino und eine Nussschnecke. Wieder im Büro liest er seine neuen E-Mails durch und nimmt dann seine Liste mit den Ansprechpartnern zur Hand.

Nach dem positiven Gespräch gestern mit Dr. Schneider, überlegt Schorsch, mit wem er heute Mittag essen gehen soll. Seine Wahl fällt auf Sebastian Werner, einen IT-Experten wie aus dem Bilderbuch, andere würden „Nerd“ zu ihm sagen. Schorsch greift gerade zum Telefon, als sein Chef ins Büro stürmt.
„Guten Morgen, Herr Halderer. Ich war bei unserer Bereichsleitung. Und Sie wissen ja, Herr Wolf ist erst seit gut einem halben Jahr auf diesem Posten. Und auch Herr Wolf war sichtlich verärgert über die Reaktion der Personalabteilung auf unsere Anfrage.“
Und dann zieht Huber seine Augenbrauen nach unten, kneift die Augen etwas zusammen und macht ein düsteres Gesicht. Und mit dunkler, fast drohender Stimme sagt er: „Und jetzt wittert der junge starke Wolf einen Eindringling in seinem Revier. Und sie wissen ja, wenn junge Wölfe ihr Revier verteidigen, dann können Sie sehr kampfeslustig und aggressiv sein.“
Und mit normaler Stimme fährt er fort: „Herr Wolf wird der Personalabteilung jetzt sicher klarmachen, dass die Bereichsleitung solche Dinge entscheidet. Die Personalabteilung ist hier nur Dienstleister und nicht Entscheider. Ich sehe dem Ganzen jetzt sehr gelassen entgegen. Bis später.“
Und dann war er auch schon wieder verschwunden.

Und Schorsch denkt sofort an seine Kraftfeld-Analyse. „Der junge kampfes-lustige Wolf als Unterstützer für mein Vorhaben wäre mir im Traum nicht eingefallen“, denkt er sich, greift zum Telefon und macht seinen Termin mit dem IT-Nerd aus.
Völlig entspannt notiert Schorsch aus dem Kopf die wichtigsten Hindernisse.

Im Laufe des Tages notiert er dann Stichpunkte zu möglichen Strategien. Er überlegt auch, in welcher Zusammensetzung man getrennte Meetings veranstalten könnte, um einzelne sehr kritische Projekt-Teilnehmer wieder zurückzugewinnen. Und das erste Mal seit längerer Zeit empfindet er nicht mehr diesen Druck von Terminen und Vorbereitungen. Mit einem ausgedehntem Mittagessen und noch einmal einer Besprechung mit Meyer-Edlich vergeht sein Tag sehr schnell. Und je mehr der Feierabend heranrückt, desto mehr bemerkt er eine gewisse Nervosität in Bezug auf sein Date heute Abend.

Kapitel VII: Unerwartete Veränderung

Rasieren, duschen, Haare zurechtföhnen und dann zieht Schorsch sein neuestes Hemd an; ein richtig schickes modisches Teil, bei dem er dreimal hin und her überlegt hat, ob er es überhaupt kaufen soll. Schuhe nachpolieren und bereits zehn Minuten vor der vereinbarten Zeit steht Schorsch an der Mariensäule. Nervös, wie mit achtzehn Jahren, denkt er sich noch.

Und auch Claudia erscheint bereits fünf Minuten vor halb sieben. Diesmal nicht mit High Heels, sondern mit sportlich eleganten Schuhen, natürlich auch in Knallrot. Schwarzer, eng anliegender Pulli und eine lässig blaue Lederjacke; ein echter Hingucker.

Zur Begrüßung bekommt Schorsch eine dicke Umarmung und einen angedeuteten Kuss auf die Wange. „Das finde ich ja großartig, dass wir zwei einmal wieder etwas zusammen unternehmen."

„Claudia, du hast die Initiative ergriffen und ich frei mi' a narrisch", entgegnet Schorsch. „Ich hätte schon ein bisserl an Hunger, wo gehen wir hin?"

Nach kurzer Überlegung entscheiden Sie sich für das Bratwurstherzl. Sie schlendern über den Viktualienmarkt, am Biergarten vorbei, genießen den Blick auf den Alten Peter und sind auch schon im Lokal. Sie finden gleich einen schönen kleinen Tisch und können zügig bestellen.

„Wird dir das hier nicht fehlen, der Viktualienmarkt, die Biergärten, der englische Garten?", fragt Claudia.

„ Womit wir beim richtigen Thema wären", antwortet Schorsch und lächelt.

„Du bist im Moment außer dem Huber und dem Wolf die Einzige in der Firma, die das weiß", fügt Schorsch hinzu.
„Und wo soll's hin gehen?", will Claudia wissen.
„Ich will den Sommer auf einer Alm verbringen", erwidert Schorsch.
„Was?", fragt Claudia. „Kühe melken und Scheiße wegräumen?"
„Zumindest keine Kühe melken; Jungvieh versorgen ja, aber nicht melken. Es ist mehr Gastronomie, große Terrasse; an Wochenenden viele Gäste, das heißt auch viele Essen. Schauen, dass es den Gästen gut geht, und dass sie die Alm weiterempfehlen."
Und nun fährt Schorsch fort: „Aber erzähl, Claudia wie geht's dir? Warst du diesen Winter wieder eine Woche im Skiurlaub und sonst auch jedes Wochenende auf der Piste?"
„Nein, wir waren früher mit drei anderen Paaren immer im gleichen Gasthof, das heißt wir waren immer die gleichen acht Leute. Aber seit ich von Peter getrennt bin, habe ich darauf keine große Lust mehr."
„Seit wann seid ihr getrennt?", will Schorsch wissen.
Und da kommen auch schon der bestellte Schweinebraten und das Zanderfilet. „an Goadn" brummelt die Bedienung und ist schnell wieder weg.

„Seit wann wir getrennt sind?", wiederholt Claudia die Frage. „Seit letztem August, seit unserem Urlaub auf Teneriffa."
Schorsch fragt nach: „Und warum, oder willst du nicht darüber reden?"
„Doch, doch, kein Problem. Ich habe mich auch oft gefragt, warum es nicht mehr ging. Ich habe gemerkt, dass Peter seine negative Einstellung, sein Mosern und Jammern nicht ändern würde. Und das habe ich irgendwann nicht mehr ausgehalten. Ich bezeichne mich als dankbaren und zufriedenen Menschen.

Gleichzeitig bin ich hoch motiviert und offen für neue Dinge. Und Peter hat sich davon immer weiter entfernt."
„Widerspricht sich das nicht, dankbar und motiviert?"
„Überhaupt nicht! Dankbar heißt, ich sehe das, was ich habe und ich nehme es an. Es erfüllt mich mit Dankbarkeit, dass ich eine Aufgabe habe, dass ich gesund bin, dass ich gute Freunde habe und, und, und."
„Und wie kann ich mir das konkret vorstellen?", erkundigt sich Schorsch.

„Ich schreibe ein Dankbarkeits-Buch", antwortet Claudia.
„Du schreibst waaas?", fragt Schorsch fast entsetzt.
„Ein Dankbarkeits-Buch. Da steht drin, für was ich dankbar bin. Manchmal schreibe ich da täglich was rein. Und manchmal steht eine Woche gar nichts Neues drin. Da steht dann: ‚Danke für das inspirierende Gespräch mit XY' oder auch ‚Danke für das geile Schwimmen im Ammersee' oder früher auch: ‚Danke für guten Sex'", sagt Claudia und lächelt Schorsch an. „Manchmal steht da auch ‚Danke für den gigantischen Regenbogen auf der Dellinger Höh'."
„Und was bringt das", will Schorsch wissen.
„Du nimmst die glücklichen Momente in deinem Leben bewusster wahr und bewahrst sie dir auf. Ich blättere oft nach ein paar Wochen oder nach mehreren Monaten zurück. Und dann sind diese Glücksmomente wieder da. Das ist dann so, als ob ich den Moment gerade erst erlebt hätte.
Außerdem ist das das kleine Einmaleins der Glücks- und der Motivationsforschung!
Aber, wenn du überlegst, das mal auszuprobieren, mach dir ja keinen Stress. Schreibe dann was rein, wenn dir danach ist und versuche nicht krampfhaft, etwas zu finden, was du da rein schreiben kannst."

Schritt 5: Danke sagen

Wenn ich Ihnen ein Mittel präsentieren würde, mit dem Sie – ohne negative Nebenwirkungen – mehrere sehr positive Effekte erreichen würden, würden Sie das kaufen? Die positiven Effekte meines Mittels sind: Stärkung des Immunsystems, weniger Kopfweh und Bauchweh, weniger Rückenschmerzen, Senkung des Bluthochdruckes und besserer und gesunder Schlaf.
Allgemein werden Sie sich durch dieses Mittel aktiver, zufriedener und glücklicher fühlen.
Und wie heißt das Zaubermittel? Das Zaubermittel heißt Dankbarkeit.

Professor Robert Emmons von der University of California hat bereits vor einigen Jahren diese sensationellen Ergebnisse bewiesen und weitere Studien haben das auch belegt. Oder Sie halten es mit dem römischen Philosophen Lucius Seneca: „Ich bin dankbar, nicht weil es vorteilhaft ist, sondern weil es Freude macht.“

Den größten positiven Effekt von Dankbarkeitsübungen erreichen Sie durch ein eigenes Dankbarkeit-Tagebuch. Sie besorgen sich ein schönes kleines Notizbuch (ja es sollte handschriftlich geführt werden) und in dieses Buch schreiben Sie all die schönen kleinen Dinge, die ihnen jeden Tag begegnen. Warten Sie nicht auf die großen, sensationellen Ereignisse in ihrem Leben, bevor Sie etwas in das Tagebuch schreiben. Vom schönen Regenbogen, Spaß beim Sport, über das nette Gespräch mit dem Kollegen bis zum Sex mit ihrem Partner – das darf und soll alles in das Dankestagebuch. Und wie Professor Emmons auch festgestellt hat, diese Übung ist am wirksamsten, wenn Sie ohne jeglichen Druck ausgeführt wird.

Also erwarten Sie nicht von sich, dass Sie jeden Tag etwas in das Dankestagebuch schreiben. Sie schreiben dann in das Buch, wenn Sie Lust darauf haben. Nur am Anfang, für circa acht bis zehn Tage ist es sinnvoll, jeden Tag etwas reinzuschreiben. Es geht darum das Dankestagebuch zu einer Gewohnheit werden zu lassen.

Viele meiner Klienten und auch ich selbst schreiben seit Jahren Dankestagebücher. Und wenn Sie dann nach einigen Wochen oder Monaten in Ihrem Buch etwas zurückblättern, dann werden Sie vielleicht auch Muster erkennen. Auf jeden Fall aber wird die Freude und die Dankbarkeit über den damaligen schönen Augenblick wieder lebendig werden. Probieren Sie es aus. Die Wirkung ist immer wieder beeindruckend.

Ich habe letztes Jahr einen Mann wiedergetroffen, der zehn (!) Jahre zuvor bei mir in einem Kurs war. Der Mann ist inzwischen Führungskraft in einer mittelständischen Firma. Neugierig, wie ich bin, wollte ich natürlich wissen, ob er Werkzeuge aus dem damaligen Seminar auch umgesetzt hat, und ob nach so langer Zeit noch irgendetwas in Erinnerung ist. Und tatsächlich hatte er einige Dinge umgesetzt und hat sich auch sehr positiv darüber geäußert. Und das Instrument, das in seinem Alltag immer noch präsent ist, ist das Dankestagebuch.

Danke, dass ich hier die Adresse der Website nicht mehr nennen muss, weil Sie inzwischen wissen, dass es dort zu jedem Schritt zusätzliches Bonusmaterial gibt.

„Ich glaube, des is nix für mi", wiegelt Schorsch ab.

„Unterschätze die Wirkung eines Dankbarkeits-Buches nicht. Wenn du neuere Ergebnisse der Motivationsforschung anschaust oder auch den neuen Zweig der Glücksforschung an vielen Universitäten, dann begegnet dir das Dankbarkeits-Buch

immer wieder. Die positiven Ergebnisse sind wissenschaftlich erwiesen, bis hin zu weniger Kopfweh und besserer Haut. Und dann wirst du überrascht sein, wie viel erfolgreiche Menschen, auch große Unternehmer, ein Dankbarkeits-Buch führen.
„I woas ned“, sagt Schorsch skeptisch. „Des klingt a bisserl seltsam für mich; Poesie-Album, wie in der zweiten Klasse, nur eben für Erwachsene.
Und wie ist denn die Arbeit mit dem Alpha-Tier Huber? Wie gefällt es dir dort?“, wechselt Schorsch bewusst das Thema.
„Mir gefällt es da richtig gut, ich kann was bewirken, habe viele Kontakte in der ganzen Firma. Und der Huber braucht mich; durch mich ist er viel effizienter und erfolgreicher. Und das sagt er mir auch ab und zu. Das heißt, ich sehe einen Sinn in meiner Arbeit, habe mit Menschen zu tun und bekomme Anerkennung – was will ich mehr. Ich weiß nicht, ob ich das noch die nächsten zehn Jahre weitermachen will, aber für den Moment bin ich dort ganz zufrieden.“

Zwischendurch stellt Claudia dann auch mal die wirklich wichtigen Fragen: „Wie schmeckt dein Schweinebraten?“
Später kommt dann auch noch die bedeutende Frage: „Hättest du Lust auf einen gemeinsamen Kaiserschmarrn?“
„Jederzeit“, sagt Schorsch begeistert.
Mit Schweinebraten, Zander, Kaiserschmarrn und mit Gesprächen über gemeinsame Bekannte und Urlaubserlebnisse vergeht der Abend sehr schnell.

„Ich glaube, wir sollten allmählich den Nachhauseweg antreten“, sagt Schorsch schließlich. „Ich bring dich noch heim“, fügt er hinzu.
„München ist zwar eine sichere Stadt“, meint daraufhin Claudia und fährt mit leicht ironischem Ton fort: „aber wenn die jungen Mädels allein in der U-Bahn unterwegs sind . . .

Da ist es dann schon besser, wenn sie von einem jungen starken Mann begleitet werden" und Claudia lacht laut über ihren eigenen Gag."

Schorsch dreht sich ganz auffällig um. „Und wo wäre jetzt der ‚junge starke Mann?'", scherzt er.

Auf den letzten Metern vor der Eingangstür der Wohnanlage nimmt Schorsch Claudias Hand und sagt „Das war richtig schön heute Abend, das sollten wir öfter machen."

„Ja", sagt Claudia leise. „Ich fand das auch wunderschön. Nur, das mit dem ‚öfter' wird ja in nächster Zeit eher schwierig sein."

Und an der Tür angekommen, bleiben beide stehen und keiner sagt etwas. Da gibt Claudia Schorsch einen richtig dicken Kuss.

„Kommst du noch auf einen Kaffee mit rauf?", lächelt Claudia ihn an.

„Nein, danke", sagt Schorsch in einem etwas ernsteren Ton. „Kaffee trinke ich um diese Zeit nicht mehr." Kurze Pause. „Aber ich komme sehr, sehr gerne noch mit dir rauf" und grinst glücklich über das ganze Gesicht.

Claudia kommt aus dem Bad zurück und kuschelt sich wieder zu Schorsch ins Bett.

„Bleibst du noch zum Frühstück?", flüstert sie ihm ins Ohr.

„Liebend gerne", antwortet Schorsch. „Mein Handy läutet um halb sieben, passt das?"

„Passt wunderbar", murmelt Claudia schon fast im Halbschlaf.

Beim Frühstück sagen beide ziemlich wenig. Kurz bevor Schorsch seine Jacke anzieht, fragt er dann doch: „Wie geht das jetzt mit uns beiden weiter?"

Claudia lächelt ihn zufrieden und glücklich an und sagt dann: „Wenn es nach mir geht, dann können wir uns in nächster Zeit gerne öfter treffen. Wenn du willst, kannst du auch gerne ab und zu hier übernachten. Und dann schau ma' mal, wie es weitergeht. Wir könnten uns ja heute nach der Arbeit auf einen Kaffee treffen und dann reden wir in Ruhe darüber."
„Eine sehr gute Idee", sagt Schorsch. „Ich weiß auch, wo wir uns treffen: wir gehen ins Café im Valentin-Musäum im Isartor: kuschelige Wohnzimmer-Atmosphäre und selbst gemachter Kuchen."
Er umarmt Claudia noch kurz und dann ist er auch schon weg.

Am Vormittag ruft Christian, ein guter Bekannter an. Er möchte von Schorsch Tipps für einen geplanten Teneriffa-Urlaub haben. Schorsch erzählt ihm gerne und voller Begeisterung über die tollen Wanderungen: zum Sonnenaufgang auf den Teide, durch den Barranco Seco und die Masca-Schlucht und, und… Dann erzählt Schorsch auch von seinem Plan, den Sommer auf der Sonnenalm zu verbringen.
„Ja, Schorsch, bist du narrisch?", entgegnet Christian sehr laut. „Fast fünf Monate weg? Danach bist du in der Arbeit komplett weg vom Fenster. Weg vom Fenster; die haben dich dann komplett vergessen! Und das in deinem Alter!"
„Christian, ich bin 49!", sagt Schorsch trocken und bestimmt.
„Schorsch, mach das nicht! Du rennst in dein Unglück. Das ist das Ende deiner Karriere bei Bemwer."
Schorsch wechselt dann geschickt das Thema und bietet ihm auch noch an, seine Teneriffa-Karten und -Wanderführer auszuleihen. Nach wenigen Minuten ist das Gespräch schon beendet.
Der Anruf von Christian bestärkt Schorsch in seinem Bauchgefühl, seinen Eltern erst einmal noch nichts von seinen Plänen zu erzählen.

Schorsch wird sie am Wochenende besuchen und er wird dieses Thema tunlichst vermeiden. In seiner Kraftfeld-Analyse hat Schorsch seine Eltern hier als Bremser eingestuft. „Du rennst in dein Unglück“ hat er Christians Stimme noch im Ohr.

Kapitel VIII: Kaffee im Valentin-Musäum

Am Nachmittag im Valentin-Musäum ist Claudia sehr angenehm überrascht. „Ich war hier seit vielen Jahren nicht mehr. Des is' ja total kuschelig hier."
Schorsch hat schlauerweise den kleinen Tisch im Eck reservieren lassen. Nachdem die hauseigene Käsesahne und der riesige Cappuccino auf dem Tisch stehen, kommt Schorsch ziemlich schnell auf den Punkt:
„Ja, ich will einfach weg. Meine Arbeit ist in den letzten Monaten immer langweiliger geworden. Und auch beim Projekt gibt es ja Zeiten, in denen du nichts tun kannst, weil du auf andere Leute warten musst. Und dann hat der Huber mir Minerva einfach weggenommen. Ich habe echt überlegt, was ich in Zukunft den ganzen Tag im Büro tun soll. Und am Abend, ganz allein in der Wohnung, ich meine ohne feste Beziehung, ist auch nicht gerade lustig."
„Wem sagst du das?", lächelt ihn Claudia an.
„Ja und jetzt", erzählt Schorsch weiter. „Meine neue, ganz andere Aufgabe in dem Projekt macht richtig Spaß. Und wer weiß, vielleicht ergibt sich daraus das ein oder andere Folgeprojekt. Ich fühle mich endlich wieder gefordert und sehe, dass wieder mehr vorangeht." Schorsch macht eine kurze Pause.
„Und dann das mit uns zwei."
Schorsch macht wieder eine kurze Pause und schaut Claudia in die Augen.
„Ich könnte mir vorstellen, dass da mehr daraus wird. Und deswegen überlege ich, ob ich Gaby nicht heute Abend absagen soll. Das wäre gerade noch rechtzeitig und sie kann sich dann jemand anderen suchen."

Schorsch hat seinen Satz noch gar nicht richtig beendet, da springt Claudia auf und ruft laut: „Schorsch, spinnst du?"
Die meisten anderen Leute im Café drehen sich nach Claudia um. Claudia merkt das sofort und murmelt ein halblautes „Entschuldigung" und setzt sich wieder hin.
Sie nimmt seine Hand und redet mit normaler Lautstärke weiter: „Schorsch, ganz ehrlich, spinnst du jetzt? Einen Sommer auf der Sonnenalm, das ist eine Chance, die du vielleicht nie wieder hast!
Ich glaube auch, dass aus uns zwei mehr werden kann, aber das weiß ich im Moment noch nicht!"
Sie macht eine kurze Pause.
„Aber deswegen darfst du auf keinen Fall, auf gar keinen Fall deine Entscheidung umschmeißen.
Ich verspreche dir auch, ich werde dich bei Gaby und deinen Milchkühen besuchen."
„Jungvieh, keine Milchkühe", verbessert Schorsch sie und macht wieder eine lange Pause.

„Warum", fragt Claudia „warum, willst du auf die Alm? Du hast mir doch gestern etwas erzählt von Natur, Freiheit, neue Gastro-Erfahrung und Gewissheit bekommen! Jetzt erzählst du mir so einen Mist, wie ‚weg von'!
Das, was du gerade erzählt hast, ist ‚*weg* von langweiliger Arbeit und *weg* von Einsamkeit'. Und so viel habe ich in diesem Leben gelernt: ‚*Weg* von' ist immer ein schlechter Ratgeber. Du musst wissen, wo du *hin* willst und nicht von was du weg willst."
„Du klingst schon wie Michael", sagt Schorsch.
„Wie wer?", will Claudia wissen. „Michael. Er ist ein guter Freund von mir und hat mich gecoacht; er hat mich bei meiner Entscheidungsfindung unterstützt."
Schorsch ist kurz in Gedanken versunken.

„Ja, wahrscheinlich hast du Recht“, fügt er noch hinzu. Und dann widmen sie sich noch den wichtigen Themen Käse-Sahne, Viktualienmarkt und Schneelage über 1800 Meter.

Schritt 6: Das eigene WARUM immer parat haben.

Menschen, die das eigene Warum immer kennen, sind glücklicher und motivierter. So einfach ist es.
Frage: „Warum räumst du die Spülmaschine aus, und warum räumst du das benutzte Geschirr dann gleich wieder ein?“ Erste Antwort: „Weil es halt gemacht werden muss.“ Zweite Antwort: „Weil es meiner Freundin sehr wichtig ist, und ich ihr damit eine Freude machen kann. Außerdem will ich bei spontanem Besuch eine aufgeräumte Küche haben.“
Kurzversion der zweiten Antwort: „ich räume die Spülmaschine aus, weil ich meine Freundin liebe“.
Und nun frage ich Sie: Wer von den beiden wird die Arbeit mit mehr Freude und mehr Motivation ausführen?
Bitte machen Sie es sich zur Gewohnheit (Schritt vier), sich selbst immer wieder nach dem Warum zu fragen. Sie wollen ihr Englisch entscheidend verbessern? Warum?
Variante A: Gutes Englisch gehört heutzutage einfach dazu und verbessert die Berufschancen. Variante B: Sie wollen Abteilungsleiter werden und Sie wollen mit Ihren Geschäftspartnern auch einmal ein persönliches Gespräch führen und Sie möchten bei anspruchsvollen Texten nicht auf andere Leute angewiesen sein.
Schreiben Sie Ihre Ziele auf und schreiben Sie IHR Warum auf. Es wird ihr Leben verändern.
Machen Sie dazu ganz einfache Sätze: (Beispiele)
Ich will eine eigene Wohnung, weil das für mich Geborgenheit und Sicherheit bedeutet.

Ich will den Halbmarathon laufen, weil ich mir meine eigene Fitness beweisen will.
Ich will den Halbmarathon laufen, weil mich meine Freundin/mein Freund und auch meine Freunde dafür bewundern werden.
Ich will mich selbstständig machen, weil . . .

Nehmen Sie JETZT zwei ihrer Vorhaben und vervollständigen Sie einfach diese beiden Sätze:
„Ich werde . . . weil ich . . .“
„Ich will . . . , weil ich . . . „

Am Montagvormittag, kurz vor dem Mittagessen ruft ihn sein Chef zu sich. Herr Huber hat sein zufriedenes Sieger-Lächeln auf. „Lieber Herr Halderer, ich bin begeistert. Unser Ober-Boss, Herr Wolf, hat zugeschlagen und er hat ganze Arbeit geleistet!
Sie werden mit der Personalabteilung eine Lösung vereinbaren, mit der beide Seiten gut leben können. Die Personalabteilung hat ausdrücklich betont, dass auch Kombinationen, also Urlaub und Überstunden einbringen und Sabbatical und Freistellung gut darstellbar sind. Man werde sehr kooperativ und flexibel auf Ihre Wünsche eingehen.“ Herr Huber schaut Schorsch dabei äußerst zufrieden an.
„Und, Herr Halderer, jetzt kommt’s“, fährt er fort. „Die Personalabteilung hat sich bei mir entschuldigt. Es täte ihnen leid, dass sie nicht sofort flexibler und mitarbeiterorientiert gehandelt hätten. Ich bin begeistert! Also, das heißt für Sie: Sie reden direkt mit der Personalabteilung und wenn Sie Unterstützung brauchen, dann melden Sie sich noch einmal bei mir.“

Kapitel IX: Der Neustart auf der Alm

Die letzten Tage vor der Abreise vergehen noch schneller als die Wochen vorher. Da seine Wohnung für die Zeit seiner Abwesenheit untervermietet ist, will Schorsch einige persönliche Dinge in Boxen packen und bei Claudia unterstellen. Schorsch hat in den letzten Wochen immer öfter bei Claudia übernachtet und Claudia hat angeboten, dass er ihr Kellerabteil und auch ihr sogenanntes Lesezimmer gerne für seine Sachen nutzen könne.

Und dann ist er da, der große Tag. Es regnet in Strömen. Schorsch ist pünktlich am vereinbarten Treffpunkt und verstaut seinen Rucksack und seine große Sporttasche in Gabys Auto, einem uralten Lada mit Vierradantrieb. „Russischer Möchtegern-Jeep“ nennt Gaby ihr Auto.
Auch mit diesem Allrader brauchen die zwei fast anderthalb Stunden von dem kleinen Dorf bis zur Sonnenalm. Die kleine Forststraße hat riesige Schlaglöcher und die Federung des Ladas hat auch schon die besten Tage hinter sich. Schorsch ist heilfroh, als sie endlich an der Sonnenalm ankommen. Es regnet immer noch und der Anblick ist trostlos. Auf dem kleinen Weg zum Eingang sind zwei sehr große Pfützen, alle Fensterläden sind zu und man sieht keine Berge, sondern nur einen Teil der verregneten Wiesen unterhalb der Alm.

Die beiden tragen alle Sachen ins Haus. Zum Schluss bringt Schorsch ein großes verpacktes Bild ins Haus.
„Ist das dein eigener Original-Rembrandt?“, scherzt Schorsch.
„Nein“, entgegnet Gaby. „Das ist etwas sehr Wichtiges für mich, das ist mein Vision-Board.“
„Dein was?“, fragt Schorsch etwas irritiert.

„Ein Vision-Board ist so etwas wie eine Foto-Collage mit deinen eigenen Ziel-Bildern; etwas sehr Persönliches. Aber ich werde es dir nachher zeigen. Lass uns erst einmal alles verstauen und aufräumen."

Als dann alle Dinge an ihrem Platz sind, ist Schorsch schon ganz gespannt auf Gabys besonderes Bild. Und auch Gaby hat ihre Ankündigung nicht vergessen.
„Komm", sagt sie zu ihm. „Jetzt kannst du mein Vision-Board sehen." Und Gaby zeigt ihm ein wunderschön gerahmtes Poster, circa 50 × 80 cm. Das Poster besteht aus zehn einzelnen Bildern; auf einigen ist auch Gaby zu sehen. Und Schorsch sieht auch ein Bild von der Sonnenalm bei strahlendem Sonnenschein und mit einer vollbesetzten Terrasse.
„Das sind meine Ziele", sagt Gaby. „Hier zum Beispiel eine gut laufende und wirtschaftlich sehr erfolgreiche Sonnenalm. Und das hier nenne ich immer ‚gesund, fit und schön'."
Und Gaby zeigt dabei auf ein Foto, das sie bei wunderschönem Wetter und stahlblauem Himmel mit großem Rucksack auf einem schneebedeckten Berg zeigt.
„Jedes Foto steht für ein Ziel, das mir wirklich wichtig ist. Und durch mein Vision-Board werde ich immer wieder an meine Ziele erinnert und ich vergesse nicht, was mir wirklich wichtig ist. Deswegen hängt es auch hier in meiner Kammer, sodass ich es jeden Tag mindestens zweimal sehe. Es hat lange gedauert, bis ich mir endlich ein Vision-Board gemacht habe. Das hier ist schon mein fünftes Vision-Board und sicher nicht mein letztes. Eigentlich geht es einfach, aber du musst dir zuerst über deine Ziele klar werden und das ist die wirkliche Herausforderung."

Schritt 7: Vision-Board

Ein Bild sagt mehr als 1000 Worte. Die Kraft von Bildern ist gigantisch; diese Kraft sollten Sie nie unterschätzen. Und diese Kraft sollten Sie für Ihre eigenen Ziele nutzen!

Egal, ob Sie weniger als 70 Kilo wiegen wollen, ob Sie Abteilungsleiter werden wollen, ob Sie von einem eigenen Haus oder einer eigenen Familie träumen oder ob Sie „nur" River Rafting in Kanada machen möchten. Wenn Sie ein Bild von ihrem Ziel haben, wird das einen großen Unterschied machen. Es gibt wunderbare Studien, die zeigen, wie Sportler sich steigern, wenn Sie ein entsprechendes Ziel-Bild haben.

Da Sie mehr als ein Ziel haben (Abteilungsleiter und Berge besteigen und eigenes Haus . . .), brauchen Sie auch mehr als ein Bild. Und diese Bilder fügen Sie zu einer Bilder-Collage zusammen, zu einem Vision-Board. Ob Sie Ihre Bilder aus Zeitschriften ausschneiden, aus dem Internet ziehen oder eigene Fotos verwenden, ist für den Beginn völlig zweitrangig.

Fangen Sie an, Ihr eigenes Vision-Board zu erstellen und Sie werden die Kraft ihrer eigenen Bilder, Ihrer eigenen Ziele spüren.

Wenn Sie bereits auf dem Kilimandscharo waren und auch Ihr eigenes Haus haben, sind vielleicht andere Ziele wichtiger. Und dann machen Sie auch wieder ein neues Vision-Board.

Es ist auch unwichtig, ob Sie Ihr Vision-Board in Papierform oder als echte Foto-Collage mit der entsprechenden Software erstellen. Wichtig ist, dass Sie IHRE Bilder auswählen und mit IHREM Vision-Board starten. Das allererste Bild, idealerweise für Ihr wichtigstes Ziel, könnten Sie jetzt aussuchen. JETZT!

Manche Klienten entgegnen mir dann: „Bei einigen Zielen bin ich mir unsicher und ich weiß noch nicht, welche Ziele auf mein Vision-Board sollen."

Meine Antwort: „Dann erst recht!" Wenn Sie Ihr Vision-Board erstellen, wird das zu mehr Klarheit führen. Sie merken ganz automatisch, welche Ziele wirklich auf das Board müssen und welche Ziele nicht gar so wichtig sind.

Andere Klienten wenden ein: „Der Aufwand ist mir im Moment zu groß." Meine Antwort dazu ist immer: „Nein, der Aufwand ist sehr überschaubar, wir reden vielleicht von einer knappen Stunde."

Nehmen Sie vorerst nur die vier folgenden Lebensbereiche und suchen Sie jeweils ein Bild dazu: 1) Beruf/Ausbildung; 2) Finanzen; 3) Beziehungen/Partnerschaft
und 4) Gesundheit/Sport.

Durchsuchen Sie ganz kurz ihre eigenen Fotos (vielleicht haben Sie auch schon ein bestimmtes Foto im Kopf) und durchstöbern Sie *kurz* das Internet – maximal 30 Minuten.

Dann suchen Sie sich einen Anbieter, (zum Beispiel cewe.de oder myfoto.de oder andere) und machen aus den ausgewählten Fotos ein Poster. Das Ganze kostet Sie – je nach Größe Ihres Vision-Boards – circa eine Stunde und 15–20 €. Fertig.

Und wenn Ihr Vision-Board nach circa zwei Tagen kommt, dann hängen Sie es an einem Ort auf, wo Sie es täglich mehrmals sehen. So werden Sie immer wieder an Ihre Ziele erinnert. Und ich verspreche Ihnen, das wird eine gewaltige Wirkung auf Sie haben. Und – vielleicht schon nach wenigen Wochen und Monaten – werden Sie merken, dass das eine oder andere Ziel nicht mehr so stimmig ist. Und dann müssen Sie das Ziel neu definieren. Oder Sie müssen Ihr Bild auf dem Vision-Board anpassen.

Nehmen Sie jetzt Ihr Handy und reservieren Sie sich eine Zeit, um Ihr Vision-Board zu erstellen!

Auf meiner Website finden Sie noch mehr Lebensbereiche (z.B. Spaß haben, Erlebnisse oder auch die eigene Weiterentwicklung?). Und sie finden dort noch mehr Anregungen und Tipps. www.richardobermaier.de

„So, und jetzt zeige ich dir unsere Haustechnik, also Sicherungskasten, Schankanlage, Getränkekeller und die anderen Sachen. Heute Nachmittag kommen Getränke und eine kleine Lieferung mit Fleisch und Gemüse.“
„Alles mit einer Lieferung?“, fragt Schorsch.
„In Krün kennt man sich“, sagt Gaby. „Der Gemüsehändler und der Metzger bringen ihre Lieferung zum Getränke-Grossisten und der bringt alles rauf. Du hast ja die tolle Straße gerade gesehen. Und am Sonntag, also in drei Tagen, kommen unsere lieben Viecher.
Obwohl die offizielle Öffnung der Hütte erst am Samstag ist, kann es sein, dass morgen bereits die ersten Gäste kommen. Die Einheimischen und inzwischen auch viele Münchner wissen, dass die Gaby natürlich ein paar Tage vorher auf der Sonnenalm ist. Also müssen wir vorbereitet sein.“
Und am Samstag kommen nicht nur, wie Gaby gesagt hat „die ersten Gäste“, sondern die Terrasse ist den ganzen Tag brechend voll. Da für Schorsch noch vieles neu und ungewohnt ist, braucht er für manche Dinge auch länger als Gaby. Als die letzten Gäste weg sind, brennen ihm die Fußsohlen und er hat bereits den ersten Wadenkrampf. Doch Gaby und er müssen jetzt noch aufräumen, putzen und alles für den nächsten Tag vorbereiten.

Der Sonntag wird dann noch heftiger. Mit einem Auftrieb und sonnigem Wetter bildet sich sogar eine kleine Schlange von Leuten, die auf den nächsten freien Tisch warten.
Als der ganze Trubel vorbei ist, setzt sich Schorsch an einen Tisch, trinkt ein Radler und sagt halblaut: „Ich kann nicht mehr. Es war ein Fehler. Ich pack das nicht."
Gaby setzt sich neben ihn, legt ihm ihren Arm um die Schulter und fängt an zu erzählen: „Als ich hier vor zehn Jahren angefangen habe, war ich noch mit Moritz zusammen. Die ersten acht Tage hatten wir durchgehend strahlenden Sonnenschein. Jeden Tag über zweihundert Essen und das aus dieser kleinen Küche. Am dritten Tag schmerzten meine Füße, der zweite Gasherd ging kaputt und es fehlten fast siebenhundert Euro in der Kasse. Ich saß am Abend da und habe nur noch geweint."
„Und wie ging's weiter", will Schorsch wissen
„Moritz hat mich dann wieder aufgebaut und mir gut zugeredet. Er hat mich immer wieder gefragt: ‚Warum sind wir hier?' Ganz eindringlich und immer wieder: ‚*Warum*?'
Und er hat das in den folgenden Tagen so oft gefragt, dass ich dann schon mit der Antwort aufgewacht bin: ‚Das ist unsere Hütte, das, was wir hier machen, machen wir richtig gut. Wir machen Leute glücklich, weil sie bei uns eine wunderbare Zeit verbringen.'
Mein Motivations-Satz – wenn du so willst – ist: ‚Wir machen die Welt ein Stückchen besser.' Und davon bin ich wirklich überzeugt; wir geben den Leuten wirklich etwas. Und diese Tätigkeit macht auch mich glücklich und motiviert mich jeden Tag."
„Und was war mit dem Geld und mit dem Herd?", will Schorsch wissen.

Gaby lacht. „Wenn du statt fünf Schnitzel fünfundfünfzig Schnitzel in die Kasse eintippst, dann erwartet die Kasse am Abend auch Geld für fünfundfünfzig Schnitzel; einfach vertippt.
Und wenn du die Schachteln mit dem Frittier-Fett geschickt und kräftig nach hinten schiebst, dann kannst du damit auch gut den Gashahn unter dem Herd zumachen . . . und dann kommt halt kein Gas mehr."
Gaby lacht wieder. „Ich habe völlig umsonst geflennt."
„Schorsch, wenn im Leben alles glatt läuft, dann kannst du jeden Deppen hinstellen. Deine wahre Größe zeigt sich doch erst, wenn du Probleme lösen kannst. Deine Persönlichkeit wächst doch erst, wenn du in der Lage bist, schwere persönliche Konflikte oder eine echte Herausforderung zu meistern.
Das Leben belohnt dich nicht, wenn du mit etwas anfängst. Das Leben belohnt dich reichlich, wenn du durchhältst, wenn du Hindernisse überwindest und ins Ziel einläufst!
Nur wenn du nach Rückschlägen wieder aufstehst, wenn *du dich durchbeißt*, wirst du erfolgreich sein." Und bei den Worten *„du dich durchbeißt"* zwickt Gaby den Schorsch mit der ganzen Hand in den Oberschenkel.
„So hat er mich immer gezwickt", sagt sie noch dazu.
Schorsch erschreckt sich fast zu Tode und Gaby lacht und lacht und lacht.

„Und wenn es mir richtig schlecht geht, dann habe ich immer noch meine Zauberliste."
„Zauberliste?" fragt Schorsch nach.
Gaby steht vom Tisch auf. „Das erzähle ich dir ein andermal, jetzt machen wir erst einmal den Gastraum wieder sauber."

In der nächsten Woche ist das Wetter sehr gemischt, meistens leicht bewölkt und mal ein kurzer Schauer.

Die Anzahl der Gäste ist daher sehr überschaubar und Schorsch lebt sich gut ein. Er telefoniert regelmäßig mit Claudia. Die zwei haben verabredet, dass Claudia für zwei Tage auf die Alm kommt, sobald wirkliches Regenwetter angesagt ist.

Für das kommende Wochenende sind erst einmal strahlender Sonnenschein und zum ersten Mal deutlich über zwanzig Grad vorhergesagt. Gott-sei-Dank kommt am Freitagnachmittag die Wochenend-Aushilfe, Josef als Unterstützung auf die Sonnenalm.
„Das ist dein nächster Stress-Test, Schorsch“, sagt Gaby.
Und bereits am Freitagmittag ist die Terrasse brechend voll und Schorsch ist fast im Laufschritt unterwegs, um alle Gäste flott zu bedienen. Als die letzten Gäste weg sind setzen sich Schorsch, Josef und Gaby erst einmal selbst auf die Terrasse und genießen bei einem Almdudler die herrliche Frühlings-Stimmung.
„Mir tun die Beine weh und meine Sohlen brennen“, sagt Schorsch.
„Dann empfehle ich dir dringend, Magnesium zu nehmen, ein Fußbad zu machen und zu hoffen, dass es morgen besser ist. Morgen und übermorgen werden wieder richtig, richtig heftig“, antwortet Gaby. „Aber jetzt heißt es erst noch Getränke auffüllen, wieder alles an seinen Platz räumen und putzen. Mit Josefs Hilfe schaffen wir das in einer Stunde.“
Nach diesen Arbeiten und dem Fußbad fällt Schorsch sehr zufrieden und todmüde in sein Bett und schläft sofort ein.
Samstag und Sonntag sind wirklich sehr anstrengend für das kleine Team auf der Sonnenalm. Als sich der letzte Gast am Sonntagabend verabschiedet, setzt sich Schorsch auf einen Stuhl, schenkt sich ein leichtes Weißbier ein und genießt den Blick auf die Berge.

„Ich hätte nicht gedacht, dass ich ohne Pause so lange gehen und bedienen kann. Das waren jetzt acht Stunden Vollstoff, mit einem Wurstbrot und vier Cappuccini zwischendurch."
„Man wächst mit seinen Aufgaben", sagt Gaby. „Respekt, Schorsch, das war richtig klasse, was du da heute geleistet hast."
Und dabei setzt sie ihr Fernglas an und kontrolliert kurz die Weiden mit den Kälbern. Und dann ruft sie laut „Scheiße" und murmelt noch leise „ja, ich weiß, das sagt man nicht".
„Auf der östlichen Weide, Richtung Guggenmoos-Alm ist der Zaun offen oder kaputt, jedenfalls sind drei Kälber unterwegs zur Schlucht. Wir müssen da sofort hin!"
„Jetzt?", fragt Schorsch ganz entsetzt. „Bis da rauf, das sind mindestens 20 Minuten."
„Ja", antwortet Gaby und wirkt gehetzt. „Los zieh deine Wanderschuhe und Jacke an und nimm den langen Stock und die Stirnlampe mit. Wir wissen nicht, wie lange das dauern wird. Junge Kälber sind wie pubertierende Jugendliche, die sehen die Gefahr oft nicht und überschätzen sich gerne.
Es wäre nicht das erste Kalb, das tot in der Schlucht liegt. Und genau das gilt es zu verhindern, also los!"

Kapitel X: Der Zweifel ist immer und überall

Die beiden ziehen los und haben nach kurzer Zeit die drei Ausreißer wieder zurück am Zaun. Das letzte Kalb ist besonders störrisch. Als das Kalb dann am kleinen Tor der Weide ist, bleibt es wieder einmal stehen und will nicht weiter. Schorsch nimmt den langen Stock quer vor seine Brust und drückt das Kalb von hinten Richtung Weide. In diesem Moment schlägt das Kalb nach hinten aus, Schorsch versucht dem Tritt mit einem beherzten Schritt nach hinten auszuweichen. Der Huf des Kalbes streift Schorsch noch am Unterarm und durch seinen Schritt rückwärts stolpert er über eine Wurzel. Automatisch reißt er die Arme nach hinten um sich mit den Händen abzufangen und landet mit dem rechten Arm ziemlich mittig in einem Kuhfladen.

Fluchend reibt er seine Hand im Gras, um sie wenigstens grob vom Dreck zu befreien. Er ruft Gaby zu, dass die Kälber wieder drin sind und er den Zaun gerade wieder verschließt.

Mit einem letzten Fluch in Richtung des störrischen Kalbs macht er sich auf den Rückweg. Es ist inzwischen so dunkel, dass Gaby und Schorsch ihre Stirnlampen aufgesetzen müssen. Mit der Stirnlampe über eine unwegsame Bergwiese zu stolpern, ist für Schorsch ziemlich ungewohnt, er ist müde, durstig und hungrig und will einfach nur noch ins Bett.

Er merkt, dass Gaby nicht mehr weit hinter ihm ist und dreht sich nach ihr um. Dabei übersieht er einen größeren Stein, stolpert und schlägt mit dem Knie auf. Nach ein paar Momenten ist Gaby bei ihm.

„Schorsch, mach langsam, ich brauch dich noch“, sagt Gaby zu ihm, als sie ihm wieder auf die Beine hilft.

„Des tuat fei ganz schee weh“, murmelt Schorsch und humpelt weiter zurück zur Sonnenalm. Er setzt sich wieder auf den gleichen Stuhl wie vorher. „Ich kann nicht mehr.

Ich könnte heulen. Das Knie tut höllisch weh“, jammert er weiter vor sich hin.
„Und du riechst etwas streng“, fügt Gaby hinzu und lacht laut auf.
Daraufhin sagt Schorsch kleinlaut: „Und mein Weißbier ist auch weg.“
„Ich glaube nicht“, sagt Josef, „dass du ein Weißbier trinken willst, das vor über zwei Stunden eingeschenkt wurde. Ein paar Fliegen waren auch schon drin.“
Und im gleichen Moment stellt Josef ihm ein frisches, dunkles Weißbier auf den Tisch.
„Josef, du bist ein Schatz“, sagt Schorsch.
„Erinnerst du dich an meine Worte von letzter Woche?“, fragt Gaby.
„Frauen sagen viel, wenn der Tag lang ist“, erwidert Schorsch.
„Vorsicht, dünnes Eis, lieber Schorsch“, sagt Gaby und lacht.
„Ich sagte: wenn im Leben alles glatt läuft, dann kannst du jeden Deppen hinstellen. Deine wahre Größe zeigt sich doch erst, wenn du Probleme lösen kannst.“
„Das mit ‚Herausforderung meistern‘ habe ich auch noch im Ohr“, ergänzt Schorsch.
„Ja“, erwidert Gaby mit stolzem Gesichtsausdruck. „Und du und Josef, ihr beide habt heute viele Herausforderungen gemeistert und Probleme gelöst. Herzlichen Glückwunsch! Und Schorsch, wenn du morgen die Abrechnung machst, dann wirst du sicher sehen, dass sich das auch finanziell gelohnt hat. Und wenn du dein – sicher sehr gutes – Trinkgeld zählst, dann vergiss nicht, dass du das ohne den Josef nicht so gut geschafft hättest“, beendet Gaby ihr Lob.
„Noch einmal vielen Dank, Josef. Ich werde deine tolle Unterstützung sicher nicht vergessen.“ Und dann nimmt er einen großen Schluck von seinem Weißbier.

Gaby bringt ihm dann noch einen Verband mit Kühl-Pads, eine Salbe und etwas Arnika zum Einnehmen und klopft ihm auf die Schulter. „Das wird schon wieder. Knie-Bandagen habe ich natürlich auch da."

Am nächsten Tag ist das Knie nur noch leicht geschwollen. Da Montag ist und der Himmel bewölkt, kommen auch deutlich weniger Gäste auf die Sonnenalm. Und dank Salbe und Bandage kann Schorsch auch ganz gut gehen. Nach den letzten Gästen versorgt Gaby ihn wieder mit frischen Kühl-Pads und Arnika.

„Vielen Dank", sagt Schorsch. „Das schaut schon wieder richtig gut aus.

Du wolltest mir doch noch von deiner Zauberliste erzählen."

„Stimmt", antwortet Gaby. „Das ist doch eine gute Gelegenheit dazu.

Ich brauche meine Zauberliste, wenn es mir richtig schlecht geht. Ich nenne das immer den moralischen Tiefpunkt; du hattest zum Beispiel einen sehr schlechten Tag, irgendeine negative Überraschung und du denkst dir, dass die ganze Welt gegen dich ist.

Dann ziehe ich meine Zauberliste raus. Auf meine Zauberliste habe ich all die Dinge geschrieben, die mir guttun und die mich wieder aufrichten."

„Kann ich die Liste mal sehen?", fragt Schorsch. „Nein", antwortet Gaby sehr entschieden, „das kannst du natürlich nicht, das ist *meine* Liste! Da stehen so banale Dinge drauf wie: Lieblingsplatz auf der Couch, Lieblingsplatz an der Kastanie, mein Lieblingslied von George Harrison und auch Ingwer-Tee und Cappuccino im Café Luitpold. Und es stehen eben auch sehr persönliche Dinge auf der Liste, die keinen etwas angehen.

Alle Dinge, die auf der Liste stehen, tun mir gut und richten mich wieder auf."
Gaby macht eine kurze Pause.
„Ich kannte mal so einen besonders gescheiten, oberklugen Psychologen."
„Doppelnamen-Akademiker-Depp?", fragt Schorsch dazwischen. „Doppelname: nein; Depp: ja", antwortet Gaby. „Und mein Psycho-Bekannter nannte das immer hochtrabend ‚Resilienzliste'.
Für mich ist es *meine* Zauberliste und diese Zauberliste hat mir schon ganz oft geholfen. Aber diese Zauberliste ist nicht von heute auf morgen entstanden, sondern sie ist über eine längere Zeit gewachsen; sie hat sich allmählich entwickelt. Es kommen Dinge hinzu und es fallen auch mal Punkte wieder weg. Eine Zauberliste muss man ständig pflegen, nur dann ist sie wirklich wirksam, wenn man sie braucht."
„Howgh, ich habe gesprochen", fügt Schorsch hinzu.

„Schorsch, ich habe nicht gesagt, mach dir eine Zauberliste", entgegnet Gaby etwas genervt.
„Ich habe dir erklärt, wie *meine* Zauberliste für mich wirkt. Take it or leave it, aber mosern oder sich darüber lustig machen geht gar nicht.
Ich kenne Leute, die haben eine tolle Software für ihre Aufgaben, und für ihre Termine und Kontakte. Und die gleichen Leute bringen nichts auf die Reihe, verpennen Geburtstage und ihre Wohnung schaut aus wie ein Schweinestall.

Schritt 8: Gabys Zauberliste, die Resilienzliste

Was ist Resilienz? Es gilt immer noch die Erklärung meiner Oma (die vor über 30 Jahren gestorben ist): Wenn du hinfällst, dann musst du schnell wieder aufstehen, deine Krone wieder zurechtrücken und kurz überlegen, warum du hingefallen bist. Und dann gehst du mit festem und raschem Schritt wieder weiter Richtung Ziel.

Modernere Erklärungen sprechen von der Fähigkeit, Krisen zu bewältigen und externe Störungen zu verkraften. Die Erklärung meiner Oma gefällt mir persönlich besser.

Und diese Fähigkeit (aufstehen, Krone richten, weitergehen) kann man lernen und trainieren. Es ist vergleichbar mit Abhärtungstraining, einer Grippe-Impfung oder einem intensiven Aufbautraining. Wenn die Grippe dann kommt oder Sie die schwere Last tragen müssen, dann sind Sie darauf vorbereitet und es macht Ihnen (fast) nichts mehr aus.

Bei einer Krise, bei einem schweren Rückschlag wissen Sie vielleicht intuitiv, dass Ihnen ein Spaziergang oder eine Tasse Tee mit einer ganz bestimmten Freundin, einem ganz bestimmten Freund guttun.

Mein Trainingsprogramm, meine Resilienzliste für Sie, ist jedoch viel umfangreicher. Es wird Sie daher auch wesentlich besser auf Rückschläge vorbereiten. Es ist aber immer IHRE Liste, daher sollten Sie *Ihre* Liste immer wieder überarbeiten und pflegen.

Sicher gibt es bestimmte Lieder oder bestimmte Interpreten, die in Ihnen Hochgefühle oder auch Motivation auslösen. Notieren Sie diese Songs auf Ihrer Liste. Sie haben bestimmte Lieblingsplätze oder auch Bilder von Lieblings-Urlaubsorten?

Dann gehören diese Orte auf Ihre Liste. Radfahren, Schwimmen, Teetrinken, bestimmte Düfte (Vanille, Ananas oder doch Ingwer) führen zu guter Stimmung oder einem Hochgefühl? Dann müssen diese Dinge auf Ihre Liste.

Eine gute persönliche Resilienzliste sollte nicht zu kurz sein. Und auf einer Resilienzliste dürfen auch Dinge stehen wie: Sex, Holzhacken, Sauna oder ein dicker fetter Gänsebraten.

Wichtig ist, dass Sie eine Resilienzliste für sich selbst haben. Und mit dieser Liste fangen Sie am besten noch heute an! HEUTE!

Wenn Sie Anregungen für ihre Resilienzliste brauchen, dann gehen Sie auf meine Internetseite: www.richardobermaier.de

Ich habe für mich Dinge und Verhaltensweisen gefunden, die mir sehr guttun. Ja, ich würde sogar sagen, dass mich diese Instrumente glücklicher und motivierter machen."

„Du hast recht Gaby, entschuldige bitte", entgegnet Schorsch.

„Glücklicher und motivierter", wiederholt Schorsch. „Das kommt mir bekannt vor. Ich habe dir doch von meinem Freund Michael erzählt, von Beruf Coach. Auch er hat von dem Zusammenhang zwischen Glücklichsein und Motiviertsein gesprochen. Er sagt auch, dafür gibt es wissenschaftliche Studien, die das beweisen."

„Wissenschaftlich bewiesen oder nicht", sagt Gaby; „ist mir eigentlich ziemlich egal. Es funktioniert für mich und das ist das einzig Wichtige."

„Und wie arbeitest du mit dieser Liste?", fragt Schorsch nach.

„Wenn du, so wie ich, regelmäßig auf diese Liste schaust und sie auch immer wieder ergänzt, dann weißt du ziemlich gut, was draufsteht. Und dann gibt es eben Tage, an denen du dich fragst: Was könnte ich mir heute Gutes tun?

Und dann schaust du auf deine Liste und dann machst du ganz bewusst etwas von dieser Liste. Am besten etwas, das du schon eine ganze Weile nicht mehr getan hast, zum Beispiel an einem Januar-Montag um 7:00 ins Schwimmbad gehen und eine Stunde schwimmen. Für mich ist das ein Turbo-Booster", antwortet Gaby.

„Hast du denn noch mehr Zauber-Instrumente in deinen Schubladen?", will Schorsch wissen.

Gaby lächelt ihn an. „Kein Zauberinstrument, etwas ganz Einfaches, fast schon Banales: meine tägliche To-do-Liste und meine ‚To-do-Liste später'. Und das weiß ich wiederum todsicher, dass das bereits vor Jahrzehnten wissenschaftlich bewiesen wurde. Wenn du etwas auf deine To-do-Liste schreibst, dann vergisst du es nicht und vor allem, es belastet dich nicht in deinen täglichen Gedanken. Du trägst es nicht geistig mit dir rum.

Schritt 9: To-do-Listen

Der wissenschaftliche Nachweis für den großen Nutzen der To-do-Listen wird der Russin Bljuma Zeigarnik zugeschrieben. Frau Zeigarnik wurde 1901 geboren, doch auch schon die alten Römer und Karl der Große wussten um den großen Nutzen dieses wunderbaren Instrumentes.

Es gibt drei Gruppen von Nutzern bei den To-do-Listen:

1) Sie arbeiten regelmäßig und ständig mit Ihren To-do-Listen: dann werden die unteren Zeilen für Sie Bestätigung und vielleicht Vervollständigung sein.

2) Sie nutzen To-do-Listen ab und zu und nur für bestimmte Vorhaben.

Das ist so, wie wenn jemand einen hoch-motorisierten Porsche in der Garage hat, dieses Auto aber nur zweimal pro Woche fährt. Und dann fährt er oder sie auch nur im ersten Gang durch das Dorf.

3) Sie arbeiten (bisher) noch nicht mit To-do-Listen. Schade, sehr schade; Sie könnten viel effektiver, zufriedener und erfolgreicher sein.

Die großen Vorteile und das richtige Arbeiten mit To-do-Listen lassen sich mit wenigen Punkten zusammenfassen:
Die Vorteile: To-do-Listen

1) verschaffen Überblick und vermitteln damit Sicherheit

2) reduzieren Komplexität

3) verhindern Vergessen

4) machen das Hinausschieben (Prokrastination) wesentlich schwieriger

5) lassen Sie besser schlafen.

Zum richtigen Arbeiten mit To-do-Listen gibt es reichlich Literatur und populäre Ratgeber. Sie sollten nur wenige Punkte wirklich beherzigen:

1) Regelmäßigkeit und Pflege

Arbeiten Sie mit Ihren To-do-Listen *jeden* Tag, überlegen Sie für jeden Tag, was das Wichtigste ist und schreiben Sie neue Aufgaben konsequent auf Ihre Listen.

2) Gestalten Sie Ihre To-do-Listen nach Ihren Präferenzen, benutzen Sie Farben und Symbole, arbeiten Sie mit Überschriften. (Egal ob Sie Papier oder elektronische Medien benutzen.)

3) Markieren Sie –jeden Tag neu – die wichtigste Aufgabe für diesen Tag. Damit fangen Sie an! Und wenn das nicht möglich ist, dann zielt Ihre ganze Tagesplanung darauf ab, sich Zeit für diese eine Aufgabe zu verschaffen. First things first !
Gehen Sie von einem ganz einfachen Szenario aus: Heute ist ein Tag, an dem alles – aber auch wirklich alles – schiefgeht. Sie können nur einen einzigen Vorgang aus diesem Chaos-Tag retten. Welcher Vorgang, welcher Punkt auf Ihrer To-do-Liste ist das?

4) Kleinigkeiten, Dinge die auf anderen Checklisten stehen oder sehr komplexe und umfangreiche Pläne kommen nicht auf die To-do-Liste.

5) Nutzen Sie verschiedene To-do-Listen, zum Beispiel privat und beruflich oder auch kurzfristige und längerfristige Projekte.

Und mit einer To-do-Liste ist es wie mit einer Zauberliste: Wenn du damit arbeitest, wirst du sehen, wie hilfreich so ein Instrument ist. Wenn du das ausprobieren willst, gilt der gleiche einfache Grundsatz: Start dirty but start NOW."

„Ja“, sagt Schorsch ganz nachdenklich und überlegt, was er denn auf seine Zauberliste schreiben würde.
Gaby steht auf, lächelt Schorsch an und sagt. „Du kannst ja hier im Dunkeln schon mal anfangen, deine Zauberliste zu schreiben. Ich gehe jedenfalls jetzt ins Bett. Gute Nacht.“ Und damit war sie auch schon verschwunden.
Schorsch sitzt noch eine ganze Weile und tippt auch schon ein paar Wörter und Ideen von seiner eigenen, neuen Zauberliste in sein Handy. Doch allmählich wird es kühl und dann geht auch Schorsch ins Bett.

Kapitel XI: Eine neue Herausforderung?

Schorsch genießt seine Zeit auf der Sonnenalm und die Zeit vergeht unglaublich schnell. Er denkt nur sehr selten an sein altes Büro in München. Claudia besucht ihn ganz regelmäßig auf der Alm und bleibt auch ab und zu über Nacht. Auch heute am späten Nachmittag kommt Claudia noch auf die Alm. Nach Aufräumen, Putzen und Vorbereitungen für den nächsten Tag hat Schorsch dann auch Zeit für sie.

Am nächsten Tag regnet es in Strömen. Claudia ist vor Schorsch aufgestanden, hat einen kleinen Spaziergang gemacht und sitzt jetzt dick eingepackt unter dem kleinen Vordach vor dem Haus. Sie hat die Hände verschränkt und es sieht aus, als ob sie betet.

Als sie wieder ins Haus kommt, hat Schorsch bereits das Frühstück vorbereitet. „Hast du gebetet oder meditiert?“, will Schorsch wissen.

„Für viele Menschen gibt es da gar keinen großen Unterschied“, antwortet Claudia. „Ich habe meditiert. Das mache ich für mich immer noch nicht regelmäßig genug. Unter der Woche vergesse ich es einfach oft.“

„Das wundert mich immer wieder“, sagt Schorsch. „Eine erfolgreiche und durchstrukturierte Chefsekretärin wie du, sagt, sie würde gern öfter meditieren. Meditieren klingt für mich immer so esoterisch und nach Kloster.“

„Da irrst du dich gewaltig, Schorsch. Viele erfolgreiche Business-Leute meditieren. Ich nenne das auch gerne „blöd schauen“. Einfach nur da sitzen und an nichts denken. Deine Gedanken kommen dann und ziehen einfach so an dir vorbei. Die perfekte Methode, um Abstand zu gewinnen und um zur Ruhe zu kommen, aber auch um den Fokus wieder auf die richtigen Dinge zu lenken. Du kannst dich auch mit einer Audio-Datei oder einem Text zum Meditieren einstimmen.

Viele Menschen nehmen auch ein ganz bestimmtes persönliches Bild als Einstimmung zum Meditieren. Oder du kannst deine eigene Fantasie-Reise unternehmen. Am Anfang wird es etwas dauern, bist du zur Ruhe kommst, aber mit etwas Übung funktioniert das immer besser", sagt Claudia.

Schritt 10: Meditieren - Alles Humbug oder was? Warum machen das so viele Leute?

Die beste Meditations-Kurz-Anleitung stammt wieder von meiner Oma: „Bua, hock di hi und mach a moi 10 Minuten gar nix, häxstens a bisserl bläd schaun." (Junge, setz dich hin und mach einmal zehn Minuten gar nichts, höchstens etwas blöd schauen).

In einem Gespräch mit dem Abt des Klosters Andechs, Herrn Dr. Johannes Eckardt, fragte ich ihn, ob er regelmäßig meditieren würde. Das war ungefähr so, als ob ich einen Bäcker gefragt hätte, ob er schon einmal Mehl gesehen hätte. Der Abt schaute mich völlig entgeistert an. Er erklärte mir dann, dass es für einen Mönch nie darum geht, ob er meditiert, sondern nur wie lange er meditiert.

Und wenn Sie sich mit großen Persönlichkeiten, Vorstandsvorsitzenden großer Konzerne, Politiker, Leiter großer Forschungseinrichtungen, usw. beschäftigen, dann werden Sie überrascht sein, wie viele Menschen regelmäßig meditieren. Und darauf angesprochen, äußern viele den Wunsch, es noch öfter und regelmäßiger zu tun. Den Nutzen einer regelmäßigen Meditation kann man zwar nicht erklären, aber man kann ihn sehr gut selbst erfahren.

Und es ist völlig egal, ob Sie mit fünf Minuten anfangen oder sich einen Meditationskurs über zehn Abende gönnen, wichtig ist, DASS Sie anfangen.
Das Muster ist ziemlich einfach: auf den eigenen Atem achten, Achtsamkeits-Übungen, Konzentrations-Übungen und auch Qigong und Yoga sind Meditationsformen.
Sie müssen sich beim Meditieren auch nicht unbedingt in den Schneidersitz begeben; ein bequemer Stuhl ist völlig ausreichend. Im Internet finden Sie eine Vielzahl von Anleitungen.
Und auch von mir bekommen Sie eine Kurzanleitung, die Sie überall einsetzen können.

Sie setzen sich an einen ruhigen Ort (das kann auch Ihr Auto auf einem Parkplatz sein) und atmen tief und ruhig ein. Sie beobachten, wie sich Ihr Brustkorb hebt und senkt. Nach dem dritten tiefen Atemzug konzentrieren Sie sich auf den höchsten Punkt auf Ihrem Kopf. Dort löst sich in Gedanken ein großer Tropfen. Und diesem Tropfen folgen Sie nun auf seinem Weg über Stirn, Nase, Mund und Kinn. Der Tropfen läuft ganz langsam. Und Sie folgen dem Tropfen über Ihren Hals, über Ihre Brust, bis er in Ihrem Bauchnabel verschwindet. Achten Sie darauf, dass der Tropfen ganz langsam läuft.

Machen Sie doch einen ganz einfachen Selbstversuch: Sie aktivieren die Erinnerungsfunktion auf ihrem Handy und machen dann an fünf Tagen hintereinander eine einfache Meditationsübung. Tut nicht weh, kostet nichts und bringt sehr viel!

Ja, auch dazu gibt es inspirierendes Bonusmaterial auf meiner Website www.richardobermaier.de

Gaby kommt zu ihnen an den Tisch.
„Guten Morgen, ihr zwei. Es schaut nicht so aus, als ob heute viele Gäste zu uns kommen werden. Wenn ihr also etwas zusammen unternehmen wollt, gerne. Schorsch, ich brauche dich erst wieder morgen zum Mittagsgeschäft."
„Danke, Gaby, wir müssen noch etwas überlegen, was wir heute tun wollen."

„Dann lass uns doch einen ausgiebigen Regenspaziergang machen", schlägt Claudia vor. „Ich würde dir gerne etwas erzählen."
Und eine halbe Stunde später gehen die zwei mit großen Regencapes und Mützen durch den Regen.
„Und was wolltest du mir erzählen?", fragt Schorsch.
„Der Wirt vom Gasthof Staublinger, zwischen Viktualienmarkt und Gärtnerplatz hört im Herbst auf", sagt Claudia.
„Ich weiß, wo der Staublinger ist", wirft Schorsch ein. „Ich habe den alten Staublinger auch mal getroffen; wir waren dort zum Abendessen, er kam kurz an unseren Tisch um Grüß Gott zu sagen. Ein sehr sympathischer Mann, so Mitte bis Ende 60, der einfach schaute, dass es seinen Gästen gut geht. Und warum erzählst du mir, dass er aufhört?", fragt Schorsch misstrauisch

„Na, ja", sagt Claudia und bleibt stehen. „Auf deiner Sechser-Liste steht doch ‚erfolgreich eine Gaststätte führen'. Und so ein Lokal wie der Staublinger wäre doch etwas für dich – oder besser gesagt für uns."
Und Claudia schaut Schorsch eindringlich an, um festzustellen, wie er darauf reagiert.
Schorsch macht mit der rechten Hand eine Handbewegung, so als ob er die große Überschrift einer Zeitung vor sich sieht.

„Chefsekretärin und Maschinenbauingenieur übernehmen Münchner Traditionsgaststätte“, sagt er dazu und nimmt ihre Hand.
„Ich glaube schon, dass wir ein gutes Team wären und eine Gaststätte sehr erfolgreich führen könnten. Aber der Staublinger ist ja wohl zwei Nummern zu groß für uns. Und außerdem gehört die Wirtschaft doch garantiert der Brauerei. Damit entscheidet doch die Brauerei, wer der neue Pächter ist. Und die werden so ein gut eingeführtes Lokal sicher nicht an zwei absolute Neulinge vergeben“, gibt Schorsch zu bedenken.
„Super, Schorsch“ sagt Claudia mit hämischem Unterton und geht wieder weiter. „Als Erstes überlegen wir, warum etwas nicht funktionieren wird. Typisch deutsch, der oberste Bedenkenträger meint immer, er ist der wichtigste!
Ein Lieblingsspruch meines Vaters war: ‚Viele Menschen erkennen ihre Chancen nicht, weil die Chance einen blauen Overall anhat, dreckig ist und nach Schweiß riecht.‘“
„Entschuldige, Claudia. Du hast ja Recht, man soll immer zuerst das Positive und die Herausforderung sehen. Doch beim Staublinger sehe ich wirklich keine Chance für mich. Das Lokal selber wäre sehr reizvoll: sehr traditionelle Küche, die man etwas moderner präsentieren könnte und eine sehr große Stammkundschaft, die auch nicht ausbleiben würde, wenn die sehr moderaten Essenspreise einen Euro höher wären. Und dann das tolle Ambiente. Ja, eine tolle Wirtschaft; nur leider nichts für mich – oder für uns.“
„Und was wäre jetzt“, fragt Claudia, „wenn die Gaststätte *nicht* der Brauerei gehören würde. Und was wäre, wenn nur der alte Staublinger entscheidet, wer sein Nachfolger wird?“
Schorsch schaut Claudia ganz verdutzt an.
„Und was wäre“, macht Claudia weiter, „wenn der alte Staublinger für mich immer schon der Onkel Ludwig war? Mein Onkel Ludwig ist der Cousin meines Vaters, also nur ein

Nenn-Onkel. Und meinen Onkel Ludwig würde wohl nichts mehr freuen, als wenn seine ‚kleine Claudi' sein Lebenswerk weiterführen würde. Und weil Onkel Ludwig viel daran liegt, dass der Staublinger auch in Zukunft gut läuft, würde er uns auch noch mindestens sechs Monate lang unterstützen. Wenn wir wollen, würde er uns auch noch länger begleiten. Und die Pacht wäre auch absolut akzeptabel, wir müssten das noch im Detail aushandeln."

Jetzt war Schorsch sprachlos. Er bleibt stehen und überlegt eine ganze Weile. Auch Claudia sagt erst mal nichts
„Habe ich das richtig verstanden, liebe Claudia. Du fragst mich, ob ich – immer vorausgesetzt, wir bekommen ihn – mit dir zusammen den Staublinger in München übernehmen würde?"
Claudia lächelt ihn an. „Genauso ist es, Schorsch. Und was sagst?"
„Das weiß ich noch nicht", antwortet Schorsch.
„Mein Kopf sagt eher ‚nein' und mir fallen sofort viele Fragen ein."
„Und dein Herz oder dein Bauch?", will Claudia wissen.
„Mein Bauchgefühl ist ‚warum nicht' und ‚so eine Chance kommt so schnell nicht wieder'. Und mein Freund Michael hat mir im März ja viel beigebracht, also würde ich erst einmal eine Plus-Minus-Liste und eine Kraftfeld-Analyse erstellen. Und ich müsste auch das Lokal mit Küche, Keller usw. noch einmal genau anschauen. Und dann geht es natürlich um die Zahlen: Können wir die letzte Bilanz haben oder zumindest betriebswirtschaftliche Auswertungen? Wie hoch sind die Personalkosten und die Raumkosten, also Heizung, Strom, Reinigung usw.?"

„So klingt das schon besser", antwortet Claudia. „Dann muss ich mal ein bisschen telefonieren."

Zwei Stunden später sind die beiden bereits auf der Autobahn kurz vor München und eine halbe Stunde später stehen sie mit „Onkel Ludwig“ im Staublinger. Nach intensiver Besichtigung und einem sehr offenen Gespräch verabschieden sich die drei voneinander und Schorsch und Claudia fahren zurück in Claudias Wohnung. Dort setzt sich Schorsch sofort an den Tisch, er hat einen großen Block vor sich und schreibt die Überschriften auf die verschiedenen Blätter: Plus-Minus-Analyse, Kraftfeld-Analyse, Byron Katie.

Wenn Sie nun an der Stelle von Schorsch wären, wie würden Sie sich entscheiden?

Was bringen die zehn Schritte?

Die zehn Schritte zu wirksamer Selbstmotivation und erfolgreichem Selbst-Coaching, die ich Ihnen in meinem Buch vorstelle, basieren auf wissenschaftlichen Erkenntnissen, auf meiner Erfahrung als Coach und auf meiner eigenen Anwendung. Es sind meine zehn wichtigsten Werkzeuge. Andere Coaches arbeiten vielleicht mit anderen und auch ähnlichen Instrumenten. Wenn Sie konsequent und wiederholt mit den zehn Schritten dieses Buches arbeiten, dann verspreche ich Ihnen nicht weniger als fünf äußerst positive und lebensverändernde Effekte:

1) Sie werden glücklicher sein.

Durch die Zielfindungsinstrumente werden Sie sich in Zukunft um IHRE ganz persönlichen Ziele kümmern.

Ziele, die Sie von anderen übernommen haben, oder Ziele, die Ihnen nicht mehr wichtig sind, werden (fast von alleine) wegfallen. Und dadurch werden Sie sehr viel zufriedener und glücklicher sein.

2) Sie werden zielstrebiger sein.

Sie kennen sich nun wesentlich besser. Sie können sich besser coachen und motivieren. Dadurch werden Sie viel leichter mit Ablenkungen und Hindernissen umgehen können. Und das wird Sie schneller zum Ziel bringen.

3) Sie werden entschlossener sein.

Sie können jetzt besser mit ihren Stärken und Schwächen umgehen. Sie werden daraus Kraft schöpfen und beherzter an Ihrem Ziel arbeiten.

4) Sie werden entscheidungsfreudiger sein.

Wer sein Ziel und auch sich selbst besser kennt, der realisiert sehr schnell, was zielführend ist oder was nur Ablenkung oder Hindernis ist. Und diese Erkenntnis wird auch im täglichen Leben zu schnelleren und klaren Entscheidungen führen.

5) Sie werden erfolgreicher sein.

Mit den vorgestellten Selbstmotivations- und Selbst-Coaching-Instrumenten werden Sie Ihre Ziele leichter erreichen. Und Sie können ziemlich sicher sein, dass es auch IHRE Ziele sind.

In einem Satz: Sie werden
glücklicher
zielstrebiger
entschlossener
entscheidungsfreudiger und
erfolgreicher sein.

Wie kann ich den Erfolg auf Dauer ausbauen?

Motivation gets you started – habit keeps you going.

Und: **Start dirty but start now.**

Ja, es kann so einfach sein. Machen Sie es sich zur Gewohnheit, mit den Instrumenten aus diesem Buch immer wieder zu arbeiten. Und wenn Sie eine Entscheidung getroffen haben, dann fangen Sie auch sofort an. Fangen Sie mit kleinen Schritten an, aber fangen Sie an!

Und auf Dauer finden Sie auf meiner Website immer wieder neue Anregungen, nützliche Informationen und neuen Ansporn. Und ich freue mich natürlich auch, wenn Sie mir schreiben.

www.richardobermaier.de

Ich hoffe, ich konnte Ihnen mit meinem Buch effektive Instrumente und Werkzeuge an die Hand geben und auch ans Herz legen. Instrumente, mit denen Sie konsequenter an ihren Zielen arbeiten können. Ich unterstütze Sie gerne noch weiter mit zusätzlichem Bonus-Material, zum Beispiel Checklisten und Beispiele aus der Praxis.
Sie finden diese zusätzliche Unterstützung kostenlos auf meiner Website: www.richardobermaier.de

Dort finden Sie auch Kontaktdaten, wenn sie mich als Motivationsredner, Trainer oder Coach buchen möchten.
Vielleicht habe ich es im Buch schon einmal erwähnt ☺, wichtig ist: start dirty but start NOW.
In diesem Sinn wünsche ich Ihnen viel viel Erfolg und Motivation bei Ihren Vorhaben und ich freue mich über jedes Feedback zu meinem Buch.

Haftungsausschluss

Der Autor übernimmt keinerlei Gewähr für die Aktualität, Korrektheit, Vollständigkeit oder Qualität der bereitgestellten Informationen. Alle Inhalte dieses Buches wurden sorgfältig und bestens Gewissens zusammengetragen. Sie spiegeln die Persönliche Meinung und Erfahrung des Autors wieder. Der Autor übernimmt daher keine juristischen Verantwortung oder Haftung für Schaden, die durch eventuelle Fehler oder fehlerhafte Anwendung entstehen und erhebt keinen Anspruch auf juristische Korrektheit, sowie inhaltliche Vollständigkeit. Die Umsetzung erfolgt ausdrücklich auf eigenes Risiko. Es gibt keine Garantie dafür, dass alles genau so, bei jedem Leser, zu genau den gleichen Ergebnissen führt.

Urheberrecht

Impressum

1. Auflage 2020

Kontakt:

speaker@richardobermaier.de
www.richardobermaier.de

LinkedIn: https://de.linkedin.com/in/richard-obermaier

XING: https://www.xing.com/profile/Richard_Obermaier3

Printed in Germany
by Amazon Distribution
GmbH, Leipzig

23896679R00079